JN411991

정준호의 대화

- 호남을 듣다

저자 정준호

시와사람

정준호의 대화

- 호남을 듣다

2026년 2월 20일 인쇄
2026년 2월 25일 발행

지은이 | 정 준 호
펴낸이 | 강 경 호
디자인 | 박 지 원
사 진 | 서 호 영
발행처 | 도서출판 시와사람
주 소 | 광주광역시 동구 양림로119번길 21-1(학동)
전 화 | (062)224-5319
E-mail | jcapoet@hanmail.net

ISBN 978-89-5665-818-6 03810

· 잘못된 책은 구입하신 서점에서 바꾸어 드립니다.
· 값은 표지에 있습니다.

이 도서의 국립중앙도서관 출판예정도서목록(CIP)은
서지정보유통지원시스템 홈페이지(http://seoji.nl.go.kr)와
국가자료종합목록 구축시스템(http://kolis-net.nl.go.kr)에서
이용하실 수 있습니다.

“

정치에서 ‘경청’의 가치는 오래전부터 강조되어 왔다. 미국의 정치사상가 한나 아렌트는 정치를 개인의 발언이나 기술이 아니라, 서로 다른 사람들이 공적 공간에서 말하고 행동하며 함께 세계를 판단해 가는 과정으로 이해했다. 정치란 혼자의 사고가 아니라, 다수의 목소리가 교차하는 가운데 형성되는 공적 사유라는 것이다.

”

• 서문 •

민의를 듣고, 길을 찾다

이 책의 출발점은 지난해 10월에 진행된 '광주광역시 시정 인식' 등을 심층조사(FGI)한 결과를 바탕으로 하고 있다.

광주 시민과 분야별 전문가들이 한사리에 모여, 민선 8기 시정과 광주의 핵심 현안을 놓고 허심탄회하게 의견을 나눈 이 조사는 단순한 여론조사가 아니라, 도시의 현재와 미래를 함께 진단하는 집단적 숙의의 과정이었다. 복합쇼핑몰, 도시철도 2호선, 군 공항 이전, 광주다움 통합돌봄, AI 광주라는 다섯 개의 핵심 정책을 중심으로, 시민의 체감과 전문가의 분석이 교차한 이 기록은 오늘의 광주가 어디에 서 있으며, 어디로 가야 하는지를 비교적 또렷하게 보여준다.

이 조사 결과를 책으로 엮게 된 이유는 분명하다.

정치는 늘 민심을 말하지만, 정작 민심이 무엇을 말하는지는 충분히 듣지 못한 채 흘려보내는 경우가 많다. 선거가 다가오면 여론조사는 넘쳐나지만, 그 결과가 정책의 구조와 행정의 방향으로 이어지는 경우는 드물다. 그래서 이번 FGI가 갖는 의미는 특별했다. 시민들이 체감하는 불편, 기대, 불신, 그리고 아직 꺼지지 않은 희망을 있는 그대로 기록하고, 그 목소리를 단순한 수치가 아니라 맥락과 서사로 읽어내는 과정이었기 때문이다. 이 책은 그 숙고의 시간을 시민과 함께 공유하고, 정치와 행정이 어떤 질문 앞에 서야 하는지를 정리해 두기 위한 하나의 공적 기록이다.

국회의원으로 일한 시간은 아직 2년도 채 되지 않는다. 그러나 그 짧은 시간 동안 나는 광주의 고질적인 현인을 더 이상 미룰 수 없다는 절박함으로 현장을 뛰어다녔다. 군 공항 이전 문제, 도시 교통 인프라, 국가 예산과 직결된 산업 정책, 그리고 광주가 수도권과는 다른 방식으로 살아남기 위한 구조적 대안까지, 어떤 사안도 '언젠가'로 미룰 수 없었다. 말보다 먼저 움직였고, 정쟁보다 먼저 실무를 붙잡았다. 그 결과는 분명하다. 아직 완결된 해법은 아니지만, 중앙정부와의 협의 구조가 열렸고, 국비 반영과 제도 논의가 실제 테이블 위에 올라오기 시작했다. 정치가 제 역할을 할 때, 지역의 운명도 조금씩 방향을 바꿀 수 있다는 사실을 나는 현장에서 확인하고 있다.

특히 광주·전남 통합 특별지방자치단체 설치를 위한 특별법을 대표 발의하면서, 나는 지역 발전의 해법이 더 이상 행정구역 안에 갇혀서는 안 된다는 확신을 갖게 되었다. 산업, 교통, 의료, 대학, 연구 인프라는 이미 생활권 단위로 움직이고 있는데, 행정은 여전히 분절된 구조에 머물러 있다. 이번 FGI는 이 문제를 다시 한 번 객관적으로 확인하는 계기였다. 시민들은 단순한 도시문제의 한계를 지적하고 논의한 게 아니라, '왜 변화가 필요한지', '어떤 방향이어야 하는지'를 매우 현실적인 언어로 이야기했다. 행정 효율성, 기업 유치 가능성, 청년 정주 여건, 의료와 교육의 접근성까지, 지역을 바라보는 시선은 이미 미래를 향해 있었다. 정치가 해야 할 일은, 그 목소리를 제도와 예산, 계획으로 옮기는 것이다.

무엇보다 이 자리를 빌려, 기꺼이 시간을 내어 조사에 참여하고 솔직한 의견을 나눠 주신 모든 시민과 전문가 여러분께 깊은 감사를 전하고 싶다. 불편한 이야기, 비판적인 평가,

때로는 정치에 대한 냉소까지도 숨기지 않고 말해 준 그 용기 덕분에, 이 책이 정치인 한명의 정책적 고민을 홍보하는 결과물이 아니라 성찰의 기록으로 남을 수 있었다. 민주주의는 투표함에서만 작동하지 않는다. 이렇게 말하고, 듣고, 다시 생각하는 과정 속에서 비로소 숨을 쉰다.

정치에서 '경청'의 가치는 오래전부터 강조되어 왔다. 미국의 정치사상가 한나 아렌트는 정치를 개인의 발언이나 기술이 아니라, 서로 다른 사람들이 공적 공간에서 말하고 행동하며 함께 세계를 판단해 가는 과정으로 이해했다. 정치란 혼자의 사고가 아니라, 다수의 목소리가 교차하는 가운데 형성되는 공적 사유라는 것이다.

아브라함 링컨 역시 민주주의에서 공공 여론과 시민의 목소리가 정책의 출발점이 되어야 한다는 점을 여러 연설과 기록에서 반복해 강조하며, 통치자는 말하기보다 먼저 듣고 판단해야 한다는 태도를 일관되게 보어주었다. 귀를 낟은 권력은 오래가지 못하고, 질문을 잃은 정치는 방향을 잃는다. 이 책이 반복해서 강조하는 것도 바로 그 지점이다. 정책의 성패는 설계자의 의지만이 아니라, 시민의 삶에서 얼마나 작동하느냐에 달려 있다.

이 책은 완성된 해답을 제시하지 않는다. 대신 우리가 반드시 함께 고민해야 할 질문들을 남긴다. 광주는 어떤 산업도시가 되어야 하는가, 어떤 돌봄 도시를 지향해야 하는가, 청년이 머무는 도시는 어떤 구조를 가져야 하는가, 그리고 이 모든 정책을 하나의 미래 전략으로 묶어낼 수 있는 행정의 힘은 어떻게 만들어질 것인가. 이 질문에 대한 답은 정치인 혼자 만들 수 없다. 시민의 언어와 전문가의 분석, 그리고 제도의 실행력이 함께 맞물릴 때 비로소 가능해진다.

이 기록이 선거를 위한 자료가 아니라, 광주의 다음 10년을 설계하기 위한 공론의 출발점이 되기를 바란다. 듣기 위해 시작한 조사였고, 함께 고민하기 위해 만든 책이다. 정치는 결국, 시민의 삶을 더 나은 방향으로 옮기는 가장 느리지만 가장 책임 있는 기술이어야 한다. 이 책이 그 느린 변화의 한 페이지가 되기를, 그리고 광주가 다시 한 번 스스로의 미래를 설계하는 도시로 나아가는 데 작은 디딤돌이 되기를 진심으로 기내한다.

Contents

2 일할 의지는 남아 있는데, 길이 보이지 않는다

3 대형쇼핑몰과 골목상권, 함께 살 수는 없을까

정준호의 대화

- 호남을 듣다

정준호의 대화
- 호남을 듣다

01 지원은 있다는데, 왜 우리는 못 느낄까

- “아이들 데리고 어디 갈 데가 없어요”
- “여긴 진짜… 노잼 도시예요”
- 서남권 메가시티가 필요한 진짜 이유
- “광주 가면 어디부터 가야 하죠?”
- “주말에 어디 가지?”
- 머무를 이유를 설계한 도시만이 선택받는다
- “지원은 있다는데, 왜 우리는 못 느낄까”
- 지방소멸, 이제는 ‘정주와 산업’을 함께 바꿔야 한다
- “퇴근은 했는데, 아이를 맡길 곳은 없다”
- “집 가까운 보육이 권리다”
- 국가책임 돌봄은 선언이 아니라 설계다
- “일자리가 먼저다”

“아이들 데리고 어디 갈 데가 없어요”

광주에 대해 가장 자주, 가장 쉽게 튀어나오는 한 문장은 의외로 단순하다. “할 게 없다.” 이번 광주시정 인식 FGI에서도 그 정서는 매우 구체적인 생활 언어로 확인된다. 한 시민은 이렇게 말한다. “아이들 데리고 어디 갈 데가 없어요. 기껏 해봐야 프로방스 갔다 오고 패밀리랜드 갔다 오고 이게 다예요.” 이어 “축제도 내놓을 만한 축제도 없고”라고 덧붙인다. 또 다른 시민은 “문화의 도시라고는 하지만 실질적으로 과연 광주가 문화의 도시인가 싶은 생각이 든다”고 말한다. 이 말은 단순히 문화행사가 적다는 불평이 아니라, 일상이 자연스럽게 문화와 여가로 이어지지 않는 도시 구조에 대한 체감에 가깝다.

이 인식은 단지 홍보가 부족해서 생기지 않는다. '할 게 없다'는 말이 반복되는 도시에는 공통된 구조적 이유가 있다. 첫째, 저녁 이후에도 안전하고 편한 이동이 가능해야 하지만 야간 교통과 보행 환경이 충분히 뒷받침되지 않는다. 둘째, 걷고 머물며 자연스럽게 소비하게 만드는 생활 거점이 부족하다. 셋째, 한 번 가보고 끝나는 행사가 아니라 반복 방문을 부르는 야간·주말 프로그램이 적다. 넷째, 인접 도시와 연결된 광역 동선이 느슨해 주말마다 새로운 선택지를 만들기 어렵다. 결국 시민이 느끼는 "할 게 없음"은 도시가 시간을 어떻게 쓰게 할지 설계하지 못한 결과라고 볼 수 있다.

중앙정부 정책을 보면 이런 문제 인식은 이미 정책 언어로 번역돼 있다. 문화체육관광부와 한국관광공사가 추진해 온 '야간관광 특화도시' 사업은 야간 콘텐츠를 통해 체류 시간을 늘리고 지역 상권을 살리자는 취지로 설계돼 왔고, 선정된 지자체에는 여러 해에 걸쳐 국비가 투입되는 구조다. 국토교통부 역시 도시재생 제도에서 점 단위 정비를 넘어 주거, 복지, 생활편의 거점을 묶어 조성하는 주거재생 혁신지구나 도시재생 인정사업 등을 확대해 왔다. 즉, '밤'과 '생활권'은 이미 중앙 정책의 핵심 키워드다. 문제는 이 두 축이 지역 현장에서 하나의 생활 프로젝트로 결합해 실행되느냐에 있다.

여기서 국회 국토교통위원회의 역할이 중요해진다. 도시 인프라, 교통망, 주거 정책을 다루는 상임위는 단순한 예산 심사를 넘어 도시의 생활 구조를 어떻게 바꿀 것인지에 대한 방향을 제시할 수 있다. 최근 논의되고 있는 광주·전남 초광역 협력 체계나 특별지자체 구상 역시, '할 게 없다'는 문제를 광주 한 도시의 한계가 아니라 광역 생활권의 문제로 확장해 풀 수 있는 제도적 틀이다. 광주 혼자 콘텐츠를 늘리는 방식이 아니라, 전남의 해양·섬·온천·정원·미식 자원과 광주의 민주·예술·도심 콘텐츠를 엮어 주말 이동과 체류를 하나의 흐름으로 만드는 접근이 가능해진다. "주말에 갈 데가 없다"는 말이 "이번 주말에는 어디로 갈까"로 바뀌는 순간이다.

또한 국회 차원에서 제기된 지방 미분양 증가와 수도권 중심 주택 정책의 한계 문제는 주거 시장을 넘어 도시 활력과 직결된다. 주거 불안, 상권 침체, 인구 유출은 서로 맞물려 있다. 사람이 머물지 않는 도시는 저녁에도, 주말에도 비어 있게 마련이다. '도시의 재미'는 주거 안정과 생활 인프라가 뒷받침될 때 비로소 가능해진다.

그렇다면 "할 게 없는 도시"를 "할 게 많은 도시"로 바꾸기 위해 국회와 중앙정부가 실제로 할 수 있는 일은 무엇일까. 세 가지 패키지 접근이 현실적인 해법이 될 수 있다.

첫째는 '야간생활권 국비 패키지'다. 야간관광 특화도시 사업을 단순한 관광 콘텐츠 공모가 아니라 도심 재생, 상권 회복, 야간 교통 개선을 함께 묶은 패키지형 사업으로 설계할 필요가 있다. 범부처 협의를 통해 문화, 교통, 치안, 도시재생 예산을 연계하고, 야간 대중교통 연장과 환승 체계 개선을 국비 항목에 포함시키며, 보행 조명과 CCTV 같은 야간 안전 인프라를 제도적으로 지원하는 구조가 필요하다. "밤에 갈 데가 없다"는 말은 결국 "밤에 안전하고 편하게 움직일 수 없게 만들어진 도시"라는 의미이기도 하다.

둘째는 도시재생을 건설 사업이 아니라 콘텐츠 생산 구조로 바꾸는 전략이다. 필요한 것은 거대한 랜드마크 하나가 아니라 아이와 함께 매주 갈 수 있는 작은 거점 여러 곳이다. 생활문화센터, 작은 공연장, 공방과 메이커 공간, 실내 보행 동선과 결합된 놀이 공간 같은 것들이 동네마다 연결돼야 한다. 국회는 도시재생 사업 선정과 예산 배분 과정에서 생활권 거점의 분산 배치를 조건으로 제시하고, 성과 평가 지표를 건물 준공이 아니라 재방문율, 체류 시간, 상권 회복, 야간 안전 지표로 바꾸도록 요구할 수 있다.

셋째는 초광역 차원의 '주말권' 상품화다. 행정 통합 논의가 시민의 삶으로 번역되려면 이동과 소비, 문화 체험이 하나의 패스로 묶여야 한다. 광주에서 30~90분 이내에 접근 가능한 전남 지역 자원을 교통·관광·문화 패스로 연결하고, 광역 순환 시티투어와 야간 연계 숙박 할인 같은 모델을 만들면 주말의 선택지는 자연스럽게 늘어난다. 이는 국토부와 문체부, 지자체를 한 테이블에 앉히는 정치적 조정이 필요한 영역이기도 하다.

결국 '할 게 없는 도시'라는 평가는 시민이 도시에게 보내는 가장 솔직한 생활 보고서다. "아이들 데리고 갈 데가 없다"는 말은 공약 문구가 아니라 예산서의 한 줄, 법안의 조문, 공모사업의 설계로 번역될 때 비로소 달라진다. 도시의 밤과 주말을 어떻게 설계할 것인지에 대한 정책적 결단 없이는 어떤 홍보도, 어떤 축제도 체감을 바꾸기 어렵다. 지금 필요한 것은 더 많은 구호가 아니라, 시민의 시간을 바꾸는 구조적 정책이다.

"여긴 진짜…
노잼 도시예요"

광주는 '아시아문화중심도시'라는 브랜드를 갖고 있음에도, 많은 시민이 스스로를 '노잼(no-fun) 도시'로 평가하는 현실을 반복해 보인다. 지방 언론에서도 이 같은 평가는 단지 유행어가 아니라, 도시 활성화와 체류 콘텐츠 부족의 구조적 진단으로 자주 다뤄졌다.

실제 한 지방 온라인 기사에서는 "'노잼 도시'라는 인터넷 밈이 지방정부 정책 과제로까지 전환되고 있다"며, 대전·울산·광주 등이 'Fun City' 프로젝트를 추진한다고 전했다. 또 광주 시민들이 관광 추천을 고민할 때 "광주는 역사적 장소가 많지만, 정말 놀 곳이 없다"는 현장 반응이 보도되기도 했다.

이런 평가를 놓고 광주일보를 비롯한 지역 신문들도 다양한 각도에서 도시 활력 문제를 다뤄왔다. 광주일보는 최근 광주 도심 유휴지에 대규모 복합쇼핑몰 '더현대 광주' 착공 소식을 보도하며, 도시의 활력 확충과 문화·상업 인프라 확장을 정책 과제로 제시했다. 기사에서는 복합쇼핑몰을 중심으로 보행 네트워크·대중교통 접근성 개선, 문화 이벤트 결합 등이 단계적으로 추진될 계획이라고 밝혔다. 이는 '놀 곳 부족'이라는 시민 체감을 공간적·인프라적 결함으로 진단하고 보완하려는 시도다.

전남일보도 광주 동구 금남공원 부지에 문화·주차 복합타워 건립을 추진해야 한다는 지역 정치권의 주장을 보도하며, 주차·VR·e스포츠 등을 결합한 복합시설을 통해 상권과 문화 체류 공간을 강화해야 한다는 논의를 소개했다. 이런 보도는 "도시 안에서 놀이와 소비가 이어지지 못한다"는 일상 체감의 결과를 정책적 과제로 연결하고자 하는 지역적 논의의 한 단면이다.

무등일보도 문화 분야 협업과 교류를 보도하는 가운데 지역 콘텐츠 활성화를 위한 영호남 문화예술관광 박람회 개최를 다뤘다. 호남과 영남의 문화·관광 자원을 교류해 콘텐츠를 확장하고 시민·관광객의 체류 시간을 늘리려는 시도로

소개되었다. 무등일보 보도는 지역 간 협력의 맥락에서 문화 콘텐츠의 폭과 체화를 과제로 삼는 논의로 해석할 수 있다.

이처럼 지역 언론은 브랜드형 문화 자원과 일상 체류 경험 사이의 단절을 지적해 왔다. ACC, 디자인비엔날레, 민주화 유산 같은 광주의 대표 문화 자원은 도시의 이미지로 존재하지만, 시민이 저녁·주말·일상생활 속에서 자연스럽게 체험하는 콘텐츠로 스며들지 못한다는 비판이 공통적으로 제기돼 왔다. 이는 "서울·부산 등 타 지역과 비교했을 때 놀 거리·체류형 경험이 부족하다"는 일상의 체감과 맞닿아 있다.

광주시는 이를 보완하기 위해 '광주 방문의 해'와 같은 연중 통합형 관광·문화·스포츠 프로그램을 운영했다. 광주디자인비엔날레, 세계양궁선수권대회, 각종 체험 콘텐츠를 묶어 체류형 여가경제를 강화하려는 노력은, 도시 활력의 단초를 만들었다는 평가를 받는다. 이 같은 시도는 일회성 이벤트를 넘어 지속성 있는 생활권 콘텐츠 설계의 필요성을 재확인했다.

그러나 이런 시도만으로 시민이 체감하는 '노잼'이라는 평가가 사라지지는 않았다. 브랜드와 이미지, 대형 행사만으로는 일상 속 체류형 경험이 생성되지 않기 때문이다. 이를 해결하기 위해선 지방정부의 노력만이 아니라 중앙정부 정책의 연계와, 생활권 전체를 아우르는 체계적 정책 설계가 필요하다는 지적이 이어진다.

문화체육관광부는 대한민국 문화도시 정책을 통해 지역문화자원 발굴·육성, 특화 클러스터 선정 등 문화기반 활성화 및 관광 활성화 정책을 추진하고 있다. 이런 중앙 정책 지원은 광주 브랜딩을 지역민의 '체감 도시'로 전환하는 데 자원과 프레임을 제공한다.

그렇다면 '노잼'이라는 도시 체감의 구조적 문제를 광주·전남 행정통합이라는 초광역 맥락에서 어떻게 풀어낼 수 있을까? 다음 네 가지 정책적 대안을 제시한다.

첫째, 초광역 관광·문화 생활권 설정

광주가 가진 문화 자원을 광역 생활권으로 확장하면 콘텐츠 결합과 체류 시간이 늘 수 있다. 실제 광주·전남 연계 관광 프로젝트 '선 넘는 여행'은 광주 문화와 전남의 자연·산림·관광자원을 1박2일 코스로 묶어 시민과 관광객의 체류시간을 늘리고 있다. 이 프로젝트는 인스타그램 릴스와 참여형 콘텐츠로 MZ세대 공감도를 높이며, 전통적 문화관광의 틀을 넘어서는 시도로 평가된다.

이를 제도화해 광역 관광패스, 교통·숙박·축제 통합 마케팅 등 정책을 추진하면, 도시 단위가 아니라 생활권 전체를 즐길 거리로 확장할 수 있다.

둘째, 도시 활성화 인프라 패키지 설계

복합쇼핑몰이나 대형 이벤트뿐 아니라, 소규모 생활 문화 거점을 체계적으로 확충해야 한다. 이는 도심 재생사업에 주민 주도 콘텐츠를 포함하고, 야간·주말 문화생활권 활성화 인프라를 설계함으로써 대형 시설 중심이 아닌 생활권내 방문·체류 네트워크를 만드는 일이다. 다양한 지역 언론이 보도한 문화 박람회, 예술공간 재생 사례처럼, 일상 콘텐츠의 네트워크화는 도시 활력을 지속시키는 기반이 된다.

셋째, 중앙-지방 정책의 일관된 패키지화

문화체육관광부의 문화도시 지정, 국토교통부의 도시재생 혁신지구 정책, 그리고 지방정부의 체류형 프로젝트를 효과적으로 연계·통합하는 제도 설계가 필요하다. 예컨대 '체류형 관광·생활권 프로젝트'라는 명칭으로 부처 간 평가·예산 연계 기준을 구축하면, 지방 정부의 단발적 시도가 아니라 지속 가능한 체감 정책으로 자리매김하는 기반이 마련된다.

넷째, 광주·전남 공공 데이터·콘텐츠 교류 확대

광역 생활권 차원에서 축제·문화행사·관광패턴 데이터를 공유·분석하고, 이를 바탕으로 공동 콘텐츠 전략을 마련할 수 있다. 이는 개별 지자체의 이벤트가 아닌 4계절 관광·체험 프로그램으로 확장될 수 있는 기반을 만든다. 지역 신문들이 보도해온 문화예술교류 박람회 같은 경험은, 광역 수준에서 콘텐츠의 양과 질을 확장해 시민의 일상으로 녹여내는 중요한 시금석이다.

결국 "여긴 진짜… 노잼 도시예요"라는 시민 평가에는 도시의 문화 자원과 일상 체류 경험의 비연계라는 아쉬움이 담겨 있다. 광주일보·무등일보·전남일보가 보도하는 다양한 도시 활성화 전략은 그러한 단절을 인식하고 주소적 과제를 제기하는 토대로 읽힌다.

광주·전남 행정통합은 이러한 전략을 생활권 단위로 제도화·예산화할 수 있는 기회다. 도시 브랜드가 시민의 일상으로 내려오는 순간, '노잼'은 '생활의 재미'로 바뀐다. 이를 위해서는 예산을 확보하고나서 고민을 시작하는 것이 아니라, 제도를 만들고 나서 목표와 방향, 실천전략을 구체화하는 것이 아니라, 정책의 구상단계부터 실행목표 자체를 구체적으로 설계하고 결과를 대비해 준비를 동시에 추진하는 전략적 행동이 요구된다. 문제와 해결방안을 나열하고, 관련 의견을 경청하는 단계만으로 결과를 만들어 낼 수 없다.

서남권 메가시티가 필요한 진짜 이유

나는 왜 광주·전남 초광역 특별지자체 설치 관련 특별법, 이른바 '서남권 메가시티 특별법'을 대표 발의했을까. 행정구역을 합치자는 선언이나 정치적 구호 때문이 아니다. 지금의 광주와 전남이 각자도생의 구조로는 더 이상 버티기 어려운 국면에 들어섰다는 판단 때문이다. 인구 감소, 산업 전환, 지방재정의 한계, 수도권 집중이라는 구조적 흐름 속에서, 도시 하나, 도 하나의 힘으로는 생활권과 경제권을 지켜내기 어려운 시대가 이미 시작됐다.

그동안 우리는 '협력'이라는 말을 많이 써 왔다. 광주와 전남은 관광도, 산업도, 문화도 서로 연계하자고 이야기해 왔다. 그러나 대부분의 협력은 사업 단위의 느슨한 연계에 머물렀다. 예산은 각자 편성되고, 권한은 각자 행사되며, 성과는 각자 평가받는다. 그러니 공동 전략은 선언에 그치고, 실행은 늘 파편화된다. 초광역 특별지자체가 필요한 이유는 바로 여기에 있다. 협력을 제도와 예산, 권한의 수준으로 끌어올리지 않으면, 지역은 구조적으로 분절된 채 쇠퇴할 수밖에 없다.

문제는 단지 인구가 줄어드는 것이 아니다. 더 심각한 것은 생활권이 붕괴되고 있다는 사실이다. 사람들은 일자리를 따라 이동하고, 의료·교육·문화·소비를 위해 도시 경계를 넘는다. 이미 광주와 전남은 하나의 생활권으로 움직이고 있다. 그런데 행정만 과거의 경계에 묶여 있다. 생활은 초광역으로 움직이는데, 정책은 기초·광역 단위에 갇혀 있다면, 그 간극에서 손해를 보는 것은 결국 주민이다.

초광역 특별지자체는 이 단절을 메우기 위한 제도적 장치다. 핵심은 단순한 조직 통합이 아니라, 광역 차원의 전략 기획과 재정 운용, 사업 집행을 하나의 체계로 묶는 것이다. 산업 유치, 연구개발, 교통망, 에너지, 관광, 농업, 해양, 복지까지 각각의 정책 영역이 더 이상 '연결하자'는 권고가 아니라, 하나의 권한 구조 안에서 설계되고 실행되는 체계로 바뀌는 것이다.

특히 중요한 것은 재정 구조다. 지금처럼 광역과 기초가 각자 공모사업에 매달리는 구조에서는, 지역 전체의 중장기 전략보다 단년도 성과가 우선될 수밖에 없다. 초광역 특별지자체가 되면, 광주·전남이 공동으로 기획한 전략 사업에 대해 국가 재정이 직접 투입되는 통로가 만들어진다. 이는 단순한 예산 증액이 아니라, 지역이 스스로 설계한 미래 전략을 국가 정책으로 끌어올리는 통로가 열린다는 의미다.

이 제도가 필요한 또 하나의 이유는 산업 구조 전환이다. 광주는 AI·모빌리티·미래차·에너지 산업을 이야기하고, 전남은 해상풍력·이차전지·농생명·해양산업을 말한다. 그러나 실제 산업 생태계는 행정구역을 따르지 않는다. 연구개발, 인력 양성, 생산기지, 물류, 수출이 하나의 사슬로 이어질 때 경쟁력이 생긴다. 광주와 전남이 각자 산업단지를 조성하고, 각자 기업을 유치하는 방식으로는 수도권과 글로벌 시장을 상대로 한 경쟁이 성립하지 않는다. 초광역 체계는 산업 전략을 '연계'가 아니라 '통합 설계'의 단계로 끌어올리는 필수 조건이다.

교통 정책에서도 마찬가지다. 광역철도, 광역버스, 환승체계, 물류망은 이미 행정 경계를 넘어 작동해야 한다. 그러나 지금은 예산과 노선 결정 권한이 분산돼 있어, 생활권 기준의 교통 설계가 쉽지 않다. 초광역 특별지자체가 구축되면, 주거-산업-교육-의료-문화 이동을 하나의 동선으로 설계하는 광역 교통 전략이 가능해진다. 이것은 단순한 편의의 문제가 아니라, 정주 여건과 기업 유치의 핵심 조건이다.

나는 이 논의를 '행정 통합'이 아니라 '지역 생존 전략'이라고 말해 왔다. 지방소멸은 특정 군 단위의 문제가 아니라, 광역권 전체가 동시에 약화되는 구조적 문제다. 어느 한 도시가 버틴다고 주변 지역이 살아나는 것도 아니고, 반대로 주변이 무너질 때 중심 도시만 성장하는 것도 불가능하다. 이미 우리는 그 한계를 수차례 경험하고 있다. 그래서 초광역은 선택지가 아니라, 지속 가능한 지역을 위한 최소한의 방어선이다.

물론, 초광역 특별지자체가 모든 문제를 단번에 해결해 주지는 않는다. 제도가 만들어진다고 자동으로 지역이 살아나지도 않는다. 중요한 것은 무엇을 함께 할 것인가에 대한 전략의 내용이다. 나는 이 제도가 단순한 조직 개편에 머물지 않고, ▲산업 전환 ▲청년 일자리 ▲기후·에너지 대응 ▲생활권 교통 ▲문화·관광 체류 전략까지 포괄하는 종합 발전 플랫폼으로 작동해야 한다고 본다. 그래야 주민이 체감할 수 있는 변화로 이어진다.

정치의 역할은 여기서 분명해진다. 초광역 특별지자체는 법 하나로 끝나는 문제가 아니다. 중앙정부의 권한 이양, 재정 배분 구조 개편, 기존 광역·기초자치단체와의 기능 조정, 공공기관 역할 재설정까지 복잡한 이해관계를 조정해야 하는 고난도의 정치 과제다. 이 과정에서 가장 중요한 것은, 이 제도가 특정 지역의 이익이 아니라 국가 균형발전을 위한 구조 개편이라는 점을 설득하는 일이다.

광주와 전남이 함께 가는 길은, 두 지역만을 위한 선택이 아니다. 수도권 집중 구조를 바꾸고, 국가 전체의 지속 가능성을 높이는 실험이다. 서남권 메가시티는 단지 지역 발전 모델이 아니라, 대한민국 지방정책의 다음 단계를 보여주는 시험대가 될 수 있다.

나는 이 법안을 통해, 광주와 전남이 더 이상 각자의 생존을 위해 경쟁하는 관계가 아니라, 하나의 생활권·경제권·문화권으로 함께 설계되는 공동체로 전환되기를 바란다. 도시와 농촌, 산업과 자연, 첨단과 전통이 분절되지 않고 하나의 전략 안에서 연결되는 구조, 그것이 내가 그리고 있는 초광역의 미래다.

도시는 혼자 살아남지 못한다. 지금 우리에게 필요한 것은 더 큰 행정 단위가 아니라, 더 넓은 상상력과 더 강한 연대의 구조다. 서남권 메가시티는 그 출발선이다. 그리고 나는 이 선택이, 앞으로의 지역정치를 바꾸는 가장 중요한 분기점이 될 것이라고 확신한다.

“광주 가면 어디부터 가야 하죠?”

외지인이 “광주 가면 어디부터 가면 돼요?”라고 물을 때, 대답이 한 번에 튀어나오지 않는 도시가 있다. 광주인식FGI에서도 그 곤란함이 생활어로 드러난다. 한 참여자는 “다른 지역에서 사람들이 물어봤을 때 추천해 줄 곳이 있냐고 물어보면… 그런 게 떠오르지 않는 게… 불만족”이라고 말한다. 이어 “광주 관광지 한 곳을 추천한다면?”이라고 묻자, “따로 추천해 줄 곳은 없어요”라는 답이 나온다. 또 다른 참여자는 “외지에서 오신 분이 광주에 처음 왔는데 어디를 가면 좋겠냐는데… 잠 낭황했어. 어디 갈 데가 없었어요”라고 말하고, 가족 일상을 예로 든 참여자는 “아이들 데리고 어디 갈 데가 없어요. 기껏 해봐야 프로방스 갔다 오고 패밀리랜드 갔다 오고…"라고 토로한다.

이 대목에서 중요한 것은 '관광지의 숫자'가 아니라, 추천이 즉시 문장으로 완성되는 도시 구조가 있느냐는 질문이다. 도시에 볼거리가 없어서가 아니라, '이어지는 동선'과 '반복 방문을 부르는 코스'가 설계돼 있지 않기 때문에 추천 문장이 완성되지 않는 것이다.

언론과 학계도 지적하는 구조적 한계

지역 언론과 전문가들은 광주 관광·문화 정책의 '연결성 결핍'을 오래전부터 지적해 왔다. 광주 지역 일간지와 관련 토론회에서 관광 전문가들은 "'빅 이벤트'나 시설 중심의 접근은 있지만, 도시 동선과 일상 콘텐츠의 연결이 약하다"고 분석한다. 예컨대 광주광역시의회 주최 정책토론회에서 관광 관련 발제자들은 "광주에서 열리는 빅이벤트와 지역 관광 자원을 유기적으로 연계해 지속 가능하고 경쟁력 있는 전략을 마련해야 한다"고 강조했다. 이는 비일회성·연결형 관광 루트 전략이 필요하다는 지적이다.

또 학계와 전문가 네트워크에서도 공간 간 연계와 체류형 경험 개발을 정책 어젠다로 삼고 있다. 광주광역시의회 소속 정책토론회 발제자 중 이동순 조선대학교 자유전공학부 교수와 최동희 광주대학교 호텔관광경영학부 교수는 "관광객이 매력을 느낄 수 있는 도심 밀착형 관광 루트를 전략적으로 설계하는 것이 핵심"이라고 발언했다.

이와 더불어, 광주 도시 활력을 위한 학술적 논의에서도 연계형 관광 콘텐츠와 장소 간 스토리텔링의 중요성이 지속적으로 부각된다. 광주 지역 구상에서의 '야간·주간 관광 테마 공간을 연결한 루트 설계'는 단일 시설이 아니라 통합 관광 네트워크가 필요하다는 문제의식으로 이어져 있다. 이는 광주시 내에서도 야간 관광 테마의 필요성을 논의하는 발표가 학술대회에서 나오기도 했다. 예컨대 광주광역시의회 홍기월 의원은 2025년 호남정책학회 학술대회에서 "도시 내 다양한 공간을 연결하는 '체류형 테마 관광 루트'가 지역 관광 활성화의 핵심"이라고 발표했으며, Art Street, ACC, 양림동 등을 각각의 테마 지점으로 묶는 도시 내 코스 설계의 필요성을 강조했다.

이러한 전문가 의견은 공통적으로 행사·시설 중심의 단발성 전략은 많지만, '이어서 움직이고 머무르는 구조'의 설계는 약하다는 문제의식을 공유한다.

체류형 관광 약화 현상과 생활권 단절

학술적 분석에서도 광주는 관광객의 하루 방문 비율이 높고 체류형 관광이 약한 도시로 지적된다. 이런 패턴은 관광지 간 연계 동선 부재, 야간·주말 프로그램 부족, 대중교통 중심 루트 미흡 등 구조적 요인으로 분류된다. 관광객은 종종 개별 시설을 방문하지만, 도시 전체를 하나의 논리적 코스로 경험하지 못하는 문제가 반복적으로 제기된다. 전문가들은 이러한 현상이 도시 운영 방식과 정책 설계 방식 자체의 한계에서 비롯된다고 본다.

이보다 더 근본적인 문제는 이러한 구조적 한계가 광주만의 문제가 아니라 광주-전남 광역권 전체에서 나타나고 있다는 점이다. 광주에는 국립아시아문화전당, 미디어아트 공간, 민주화 역사 유산 등이 있고, 전남에는 풍부한 해양·섬·정원·농촌체험 자원이 자리한다. 콘텐츠만 보면 상호보완성이 매우 높다. 그러나 실제 관광 상품과 교통·숙박·체험 패키지에서는 이 자원들이 하나의 생활권 상품으로 묶이지 못한 채 분절적으로 운영되고 있다. 광주 중심 관광이 종료되면 곧바로 전남 자원으로 이어지는 통합 동선은 마련되지 않는다. 이 구조에서는 "광주부터 시작하는 여행"이 자연스럽게 만들어지기 어렵다.

분절된 행정·정책 설계가 연계 실패의 근원

이 같은 연계 실패의 배경에는 행정 체계와 정책 설계 구조의 분절성이 자리한다. 광주시는 광주 관광을, 전남도는 전남 관광을 각자 기획한다. 관광재단도 분리돼 있고, 교통 정책, 문화 예산, 홍보 전략 모두 별도 운영된다. 광역 연계는 여러 차례 협약 수준에서 논의되었지만, 공동 기획·공동 예산·공동 성과 관리 체계는 사실상 부재하다. 이 구조에서는 아무리 좋은 아이디어가 있어도 "누가 책임지고 묶을 것인가"가 해결되지 않는다.

또 중요한 현실은 광주발전연구원과 전남발전연구원의 분리 구조다. 이 두 기관은 광주·전남 각자의 지역 정책 연구를 수행하지만, 초광역적 통합 전략 연구는 독자적으로 수행하기 어려운 구조다. 지역의 핵심 과제—관광, 교통, 산업, 인구, 기후 대응—이 이미 광역 생활권 단위로 움직이고 있는데, 연구는 여전히 행정구역 단위에 머물고 있다.

초광역 연구 플랫폼과 전문 인력 확충의 필요성

지역 씽크탱크가 수행해야 할 역할은 단순한 용역 보고서 작성이 아니다. 지역의 구조적 문제를 장기적으로 분석하고, 정치와 행정이 결단할 수 있는 정책 설계안을 축적하는 것이다. 그러나 현재의 인력 규모와 연구 구조로는, 광주·전남 통합 관광권, 통합 교통권, 통합 산업권 같은 대형 과제를 지속적으로 다루기 어렵다. 그래서 필요한 것은 초광역 연구 기능을 담당하는 통합 정책연구 플랫폼의 구축과 전문 인력의 대폭 확충이다. 관광·문화·교통·도시·산업을 가로지르는 융합 연구팀이 상시적으로 운영돼야 추천이 끊기는 도시 구조를 근본적으로 바꿀 설계가 가능해진다.

통합 특별지자체가 제공할 수 있는 설계 기반

이 지점에서 광주·전남 통합 논의는 행정 개편의 문제가 아니라, 정책 생산 구조를 바꾸는 문제로 이해돼야 한다. 통합 특별지자체가 만들어지면, 관광·교통·문화·산업 정책을 초광역 단위에서 동시에 설계할 권한과 재정 구조가 가능해진다. 광주에서 시작해 전남으로 이어지는 1박 2일, 2박 3일 체류 루트를 '홍보 문구'가 아니라 공식 정책 사업으로 기획하고, 예산을 묶어 집행하고 성과를 공동 평가하는 구조가 만들어질 수 있다. 그때서야 추천은 개인의 감각이 아니라 도시 시스템의 결과가 된다.

결국 "광주 가면 어디부터 가야 하죠?"라는 질문에 막히는 이유는, 광주에 갈 곳이 없어서가 아니라 광주와 전남이 함께 설계된 여행 문장이 아직 만들어지지 않았기 때문이다. 추천은 우연히 생기지 않는다. 연구와 기획, 예산과 권한, 교통과 문화가 함께 움직일 때 비로소 만들어진다.

도시는 홍보 영상으로 기억되지 않는다. 사람이 하루를 어떻게 보내느냐로 기억된다. 그 하루를 설계하는 힘은 개별 지자체의 이벤트가 아니라, 생활권 전체를 묶는 정책 구조에서 나온다. 광주와 전남이 진짜로 하나의 생활권으로 작동하기 시작할 때, 그 질문은 더 이상 어렵지 않을 것이다. "광주부터 가세요. 그리고 이렇게 이어집니다."

그 문장이 자연스럽게 나오는 도시. 이것이 지금 지역정책이 넘어야 할 가장 현실적인 과제다. 도시 전체가 누구나 동의하는 문제를 놓고 문제를 해결하는 결과에 이르기까지 끈질기게 구상하고 논의하고, 방안을 찾는 시간의 투자, 행정의 지원, 과감한 예산 지원, 성숙한 갈등 관리 능력 등을 보여줄 때 지역사회가 할 수 있나는 자신감을 집단적으로 회복할 것이라고 믿는다.

"주말에 어디 가지?"
— 가족 여가가 도시 경쟁력이 되는 시대

정주와 생활만족도를 묻는 질문에서 반복해서 등장하는 불만 중 하나는 "주말에 가족과 함께 갈 만한 곳이 마땅치 않다"는 지적이다. 이는 단순한 여가 불만이 아니라, 도시가 일상 속에서 쉼과 체험, 놀이를 어떻게 설계하고 있는가에 대한 평가에 가깝다. 실제로 도시공원과 가족 여가 공간의 질이 삶의 만족도와 직결된다는 연구는 오래전부터 제기돼 왔고, 아이와 함께 이동하기 편한 동선, 다양한 연령대가 동시에 즐길 수 있는 체험 요소, 안전한 공간 구조가 갖춰질수록 가족 단위 외출 빈도와 지역 정주 의지가 함께 높아진다는 분석도 반복된다.

광주·전남은 결코 자원이 부족한 지역이 아니다. 광주에는 국립아시아문화전당을 비롯한 문화시설과 미디어아트 공간, 민주화 역사 유산이 있고, 전남에는 해안과 섬, 정원, 온천, 농촌 체험 자원까지 갖춰져 있다. 그러나 시민 체감은 다르다. 자원은 풍부하지만, 그것이 가족형 여가와 일상적 주말 활동으로 이어지는 구조가 만들어지지 않았다는 데서 불만이 발생한다. 행사와 축제는 많지만 상시적 체험 공간이 부족하고, 자연과 문화는 풍부하지만 아이와 함께 반복해서 찾을 만한 '생활형 명소'가 떠오르지 않는 것이다. 결국 문제는 콘텐츠의 부족이 아니라, 연결과 설계의 부재에 가깝다.

해외의 성공 사례를 보면 이 차이가 더욱 분명해진다. 덴마크의 빌룬드는 인구 3만 명 남짓한 작은 도시지만, 레고하우스와 레고랜드, 실내 수영·놀이 시설, 도심을 관통하는 테마 보행로가 하나의 생활권 동선으로 묶여 있다. 가족은 숙소에서 나와 하루 동안 놀이, 체험, 식사를 자연스럽게 이어가며 도시 전체를 경험하게 된다. 이 도시는 특정 시설 하나로 성공한 것이 아니라, 도시 구조 자체를 가족 체험 동선으로 설계했다는 점에서 주목받는다. 코펜하겐 역시 놀이공원인 티볼리 가든을 단순한 관광지가 아니라 공연, 산책, 식사, 야경이 결합된 도심 공공여가 공간으로 기능하게 하면서, 공원·자전거 도로·놀이터를 도시 전역에 촘촘히 배치해 아이와 부모가 함께 하루를 보내는 데 불편함이 없도록 만들어 왔다. 싱가포르 또한 대형 테마파크보다 도시 곳곳의 어린이 정원, 해변, 체험형 박물관을 연결해 '도시 전체가 놀이터'처럼 작동하도록 설계한 대표적 사례다.

국내에서도 경주의 보문관광단지처럼 숙박, 자연, 공연, 체험이 한 권역 안에서 이어지며 가족 단위 체류형 관광이 가능하도록 만든 사례가 있다. 서울의 어린이대공원이나 서울랜드 역시 놀이시설만이 아니라 동물원, 식물원, 공연장, 휴식 공간이 결합된 복합 여가 공간으로 기능하며, 도심에서 주말 가족 나들이 코스로 자리 잡았다. 이들 사례의 공통점은 '시설의 크기'가 아니라, 여러 활동이 자연스럽게 이어지는 구조를 먼저 설계했다는 점이다.

이에 비해 광주·전남의 문화관광 인프라는 개별적으로는 경쟁력이 있지만, 가족형 체류 구조로 묶이지 못한 채 흩어져 있다. 광주에서 문화시설을 방문하고 나면 다음 일정이 전남으로 자연스럽게 이어지지 않고, 전남의 자연 자원을 체험해도 다시 광주 도심으로 돌아와 저녁을 보내기에는 교통과 콘텐츠가 연결되지 않는다. 광주 관광은 광주 안에서, 전남 관광은 전남 안에서 따로 소비되는 구조가 유지되면서, 주말 가족형 통합 여가 코스가 만들어지지 않는 것이다.

이 같은 연계 실패의 배경에는 행정 체계와 정책 설계 구조의 분절성이 자리한다. 광주시는 광주 관광을, 전남도는 전남 관광을 각자 기획한다. 관광재단도 분리돼 있고, 교통 정책, 문화 예산, 홍보 전략 모두 별도로 운영된다. 광역 연계는 여러 차례 협약 수준에서 논의되었지만, 공동 기획·공동 예산·공동 성과 관리 체계는 사실상 부재하다. 이 구조에서는 아무리 좋은 아이디어가 있어도 "누가 책임지고 묶을 것인가"가 해결되지 않는다. 결국 생활권 단위의 여가·관광 설계는 구조적으로 만들어지기 어렵다.

또 하나 중요한 현실은 광주연구원과 전남연구원의 분리 구조다. 두 기관은 각각의 지역 정책 연구를 수행하지만, 초광역적 통합 전략 연구는 독자적으로 수행하기 어려운 구조다. 관광, 교통, 산업, 인구, 기후 대응 같은 핵심 과제는 이미 광역 생활권 단위로 움직이고 있는데, 연구는 여전히 행정구역 단위에 머물러 있다. 그 결과, 광주와 전남을 하나의 가족 여가·체류 생활권으로 묶는 장기 전략은 연구 단계에서부터 충분히 축적되지 못하고, 정책 역시 개별 사업 중심으로 쪼개져 추진된다.

지역 씽크탱크가 수행해야 할 역할은 단순한 용역 보고서 작성이 아니다. 지역의 구조적 문제를 장기적으로 분석하고,

정치와 행정이 결단할 수 있는 정책 설계안을 축적하는 것이다. 그러나 현재의 인력 규모와 연구 구조로는, 광주·전남 통합 관광권, 통합 교통권, 통합 산업권 같은 대형 과제를 지속적으로 다루기 어렵다. 그래서 필요한 것은 초광역 연구 기능을 담당하는 통합 정책연구 플랫폼의 구축과 전문 인력의 대폭 확충이다. 관광·문화·교통·도시·산업을 가로지르는 융합 연구팀이 상시적으로 운영돼야, 주말 여가 부족이라는 시민 체감을 구조적으로 바꿀 설계가 가능해진다.

이 지점에서 광주·전남 통합 논의는 행정 개편의 문제가 아니라, 정책 생산 구조를 바꾸는 문제로 이해돼야 한다. 통합 특별지자체가 만들어지면 관광·교통·문화·산업 정책을 초광역 단위에서 동시에 설계할 권한과 재정 구조가 가능해진다. 광주 도심 문화 체험과 전남 자연 체험을 결합한 가족형 주말 루트를 공식 정책 상품으로 기획하고, 교통 패스와 숙박 연계, 체험 프로그램을 하나의 패키지로 운영할 수 있다. 도시형 가족 문화광장, 강변·해안 체험 벨트, 실내 체험형 놀이공간과 야외 자연 체험 공간을 연결하는 생활권 네트워크 역시 초광역 설계 없이는 구현되기 어렵다.

결국 가족 여가 공간은 단순한 관광 시설 문제가 아니라, 도시가 주민의 시간을 어떻게 조직하는가의 문제다. 아이와 부모가 함께 하루를 보내며 걱정 없이 이동하고, 자연스럽게 다음 공간으로 이어지는 구조가 만들어질 때, 그 도시는 '살기 좋은 도시'로 기억된다. 광주·전남이 통합 생활권 설계를 통해 문화와 자연, 도시와 농촌을 하나의 일상 동선으로 묶어낼 수 있다면, 주말 여가 부족이라는 인식은 지역 경쟁력의 새로운 전환점으로 바뀔 수 있다. 도시의 미래는 대형 개발보다, 가족의 주말이 어디서 어떻게 흘러가는지를 설계하는 데서 시작된다.

머무를 이유를 설계한 도시만이 선택받는다

— 체류형 관광과 관광 비즈니스 플랫폼으로 전환해야

광주와 전남을 둘러싼 관광 논의에서 가장 자주 등장하는 문제의식은 "사람은 오는데, 오래 머물지 않는다"는 점이다. 인식조사에서도 주말 여가와 가족형 활동 공간 부족, 체험형 콘텐츠 미흡, 밤에 할 일이 없다는 지적이 반복된다. 이는 관광객뿐 아니라 지역민의 생활 만족도와도 직결된다. 관광은 외부 손님만을 위한 정책이 아니라, 지역의 삶의 질을 함께 끌어올리는 생활 인프라여야 하기 때문이다.

생활인구 통계를 보면 이 구조는 더욱 분명해진다. 전남의 경우 행정안전부 기준 생활인구는 등록인구를 크게 웃돌며,

주말과 휴가철에는 체류 인구가 급증한다. 광주 역시 통과형 이동과 단기 방문 인구가 많다. 이는 이미 광주·전남이 '찾아오는 지역'이라는 뜻이지만, 동시에 그 이동이 체류 소비와 지역 경험으로 충분히 전환되지 못하고 있음을 의미한다. 관광객이 머무르지 않으면 지역 상권, 숙박, 문화 소비, 재방문으로 이어지는 선순환도 만들어지기 어렵다.

체류형 관광이 정착되지 못하는 원인은 단순히 볼거리가 부족해서가 아니다. 더 본질적으로는 머물 이유를 구조적으로 설계하지 못한 정책 방식에 있다. 많은 지역이 여전히 관광을 축제, 이벤트, 단일 시설 중심으로 접근한다. 이런 방식은 방문객 수를 일시적으로 늘릴 수는 있어도, 체류 시간과 소비 구조를 바꾸는 데는 한계가 있다. 체류형 관광은 '볼거리'보다 '시간의 구성'을 설계하는 정책이기 때문이다.

이 점에서 최근 여러 지자체가 보여준 전환 사례는 중요한 시사점을 준다. 전남 강진군은 '반값여행' 정책을 통해 관광객의 지역 소비액 일부를 지역화폐로 환급하는 방식을 도입했다. 이는 단순 할인 정책이 아니라, 소비를 전제로 체류를 유도하는 구조적 설계라는 점에서 의미가 컸다. 관광객은 숙박·식사·체험에 더 적극적으로 지출하게 되고, 그 소비가 다시 지역 상권으로 환류된다. 강진군은 이 정책을 통해 수만

팀의 관광 신청과 재방문 증가, 체류 시간 연장이라는 성과를 만들었다. 여기에 푸소(FUSO) 체험처럼 농가 일상을 공유하는 프로그램이 결합되며, 관광이 '구경'이 아니라 '생활 참여'로 확장되는 구조가 만들어졌다.

전라북도 역시 체류 시간 확대 전략을 시간대 전환에서 찾았다. 익산 미륵사지, 고창 고인돌 등 역사유산을 미디어아트와 결합해 야간 관광 콘텐츠로 재구성하면서, 낮에 들어왔다가 밤까지 머무는 구조를 만들었다. 이는 관광객 동선을 늘리는 동시에 숙박 수요를 창출하는 효과를 가져왔다. 체류형 관광에서 핵심은 공간보다 시간의 확장이라는 점을 잘 보여주는 사례다.

충북 보은, 충남 태안 등은 자전거 관광 루트, 생태 탐방 코스, 해변·숲길 연계 프로그램, 유휴 공간 재생형 체험시설 등을 통해 하루 이상 머물며 활동하는 관광 구조를 실험하고 있다. 이들 사례의 공통점은 단일 명소 중심이 아니라, 이동-체험-소비가 연속적으로 이어지는 동선 설계에 정책의 초점을 맞췄다는 점이다. 관광객은 장소가 아니라 하루의 일정 전체를 소비하게 되고, 그 안에서 지역과의 접점이 늘어난다.

이런 사례들이 보여주는 메시지는 분명하다. 체류형 관광은 자연스럽게 생기지 않는다. 소비 구조, 이동 동선, 시간 사용 방식까지 함께 설계될 때 비로소 만들어진다. 그리고 이 설계는 개별 지자체 단위보다 광역 생활권 단위에서 훨씬 효과적으로 작동한다.

광주·전남은 이 점에서 압도적인 잠재력을 가진 지역이다. 광주의 문화예술·미디어 콘텐츠, 민주주의 역사 자산, 도시형 공연·전시 인프라와 전남의 해양·섬·정원·온천·농촌 체험 자원은 상호보완성이 매우 높다. 그러나 현실에서는 이 자원들이 하나의 체류형 상품으로 결합되지 못한 채, 각자 소비되고 끝난다. 광주 관광은 광주에서 끝나고, 전남 관광은 전남에서 시작된다. 이 구조에서는 "광주부터 시작하는 여행"이 자연스럽게 만들어지기 어렵다.

더 나아가 지금 필요한 것은 관광을 지역 활성화 수단이 아니라 산업 전략으로 재정의하는 일이다. 글로벌 관광 경쟁에서 살아남은 지역들은 공통적으로 대형 콘텐츠 기업, 엔터테인먼트 기업, 플랫폼 기업과 결합한 관광 산업 생태계를 구축하고 있다. 관광이 소비만이 아니라 제작, 유통, 체험, 교육, 기술 산업까지 포함하는 복합 산업으로 성장한다.

광주·전남 역시 이 전환이 필요하다. 미디어아트, 공연, 스포츠, e스포츠, 생태 레저, 헬스케어 관광, 장기 체류형 워케

이션까지 결합한 체류형 콘텐츠 산업 클러스터를 조성하고, 국내외 기업이 장기 프로젝트를 운영할 수 있는 환경을 만들어야 한다. 관광객이 아닌 사업자가 들어오는 관광 구조, 즉 비즈니스가 가능한 관광 플랫폼으로의 전환이 요구된다.

이를 가능하게 하는 정책 조건이 바로 광주·전남 통합 생활권 체계다. 통합 특별지자체가 구축되면 관광, 교통, 문화, 산업 정책을 초광역 단위에서 함께 설계할 수 있는 권한과 재정 구조가 생긴다. 광주 도심에서 콘텐츠를 소비하고, 전남에서 자연을 체험하며, 다시 광주에서 야간 공연과 숙박으로 이어지는 연속 체류 루트를 하나의 정책 사업으로 기획할 수 있다. 이는 단순한 관광 코스 개발이 아니라, 산업 투자와 일자리 창출, 기업 유치 전략과 직결되는 문제다.

이 과정에서 반드시 병행돼야 할 것이 초광역 정책 연구 플랫폼의 구축과 전문 인력 확충이다. 체류형 관광, 관광 콘텐츠 산업, 플랫폼 비즈니스 모델, 투자 유치 전략을 통합적으로 설계할 수 있는 상시 연구 조직이 필요하다. 관광, 도시, 교통, 문화, 산업을 분절적으로 다루는 기존 연구 구조로는 민간 기업이 참여할 만한 대형 프로젝트를 설계하기 어렵다. 관광을 산업으로 만들기 위해서는, 정책 연구 역시 산업 수준의 전문성을 갖춰야 한다.

결국 체류형 관광은 관광 정책의 문제가 아니라 지역 성장 전략의 문제다. 사람들이 머무를 이유를 설계하지 못하면, 투자도 오지 않고 산업도 만들어지지 않는다. 반대로 머무는 구조가 만들어지면, 관광은 문화 산업, 서비스 산업, 콘텐츠 산업을 동시에 끌어안는 성장 동력이 된다.

광주·전남 통합은 단순한 행정 개편이 아니다. 관광을 포함한 지역 발전 전략을 생활권 단위, 산업 단위로 다시 짜는 출발점이다. 이제 질문은 이렇게 바뀌어야 한다.

"얼마나 많은 관광객을 부를 것인가"가 아니라,

"얼마나 오래 머물게 만들고, 누가 이 지역에서 사업을 하게 만들 것인가."

머무를 이유를 설계한 도시만이 선택받는다. 광주·전남이 그 설계를 시작할 수 있느냐가, 앞으로 지역의 경쟁력을 가르는 결정적 분기점이 될 것이다.

"지원은 있다는데, 왜 우리는 못 느낄까"

— 출산정책 체감도의 불균형성 극복돼야

광주 인식FGI에서 출산과 양육 정책에 대한 시민들의 인식은 매우 냉담했다. 한 참여자는 "출산 장려한다고는 하는데, 솔직히 뭐가 있는지 잘 모르겠어요. 체감되는 게 없어요"라고 말했고, 또 다른 참여자는 "아이 낳으면 지원금 준다는데, 그거 몇 번 받고 끝이지, 생활이 달라지는 건 없잖아요"라고 했다. 젊은 부부 참여자는 더 직설적이었다. "집값, 어린이집, 병원, 돌봄… 이걸 다 감당해야 하는데, 출산지원금 몇백만 원으로 뭐가 달라져요?"

이 발언들이 말해 주는 핵심은 분명하다. 시민들은 출산을 '돈의 문제'가 아니라 생활 조건의 총합으로 인식하고 있다. 그래서 정책이 있어도, 그것이 주거·돌봄·의료·일자리와 연결되지 않으면 체감되지 않는다. 이 지점에서 광주와 전남 일부 지역의 정책 구조는 분명히 갈라진다.

전남 강진군은 출산과 정주를 묶은 대표적인 사례로 자주 언급된다. 강진군은 출산 장려금 지급(첫째부터 단계별 지급)과 함께, 신혼·청년·출산가구 대상 공공임대주택 우선 공급, 농촌형 일자리 연계, 국공립 어린이집 확충을 동시에 추진해 왔다. 특히 '강진 청년주거단지 조성사업'과 연계해 아이를 둔 가구가 안정적으로 거주할 수 있는 주거 기반을 마련했고, 출산 가구에 대해서는 임대료 감면과 돌봄 우선 배정을 패키지로 제공했다. 이 구조에서는 출산이 단절된 사건이 아니라, 주거와 일자리로 이어지는 경로 안에 들어간다.

영암군은 의료 접근성 문제를 정면으로 건드린 지역이다. 영암군은 산부인과 접근성이 취약한 현실을 감안해 산모 진료비·교통비 지원, 산후조리비 지원, 산모 방문 건강관리 서비스를 결합한 '임산부 원스톱 돌봄 체계'를 운영하고 있다. 출산 이후에는 공공형 아이돌봄 서비스와 공동육아 나눔터를 연계해 맞벌이 가구의 돌봄 공백을 줄이는 구조를 만들었다. 단순히 아이를 낳게 하는 것이 아니라, 낳은 이후의 불안을 줄이는 정책이다.

해남군의 접근도 다르다. 해남은 출산 정책을 청년 정착 정책과 묶었다. 국토교통부 '청년농촌보금자리 조성사업'을 활용해 주거-보육-일자리 공간을 생활권 단위로 결합했고, 귀농·귀촌 청년 가구 중 출산 가구에는 주택 우선 입주와 보육 연계를 제공했다. 출산은 정착의 결과이자 다음 단계로 설계돼 있다.

곡성군은 아예 '아이 낳고 키우기 좋은 군'을 행정 목표로 설정하고, 출산 축하금, 산후조리비, 공공 돌봄, 초등 돌봄, 마을 돌봄 공동체 지원을 하나의 정책 패키지로 묶었다. 출산 이후에도 돌봄 부담이 개인에게 전가되지 않도록 지역 공동체 구조를 제도 안에 넣은 것이다.

이들 지역의 공통점은 분명하다. 출산 정책을 복지사업이 아니라 정주 전략의 일부로 설계했다는 점이다. 그래서 주민들은 "지원받았다"가 아니라 "여기서 계속 살 수 있겠다"는 판단을 하게 된다.

반면 광주의 출산 정책은 여전히 부서별 사업의 나열 구조에 머물러 있다. 출산장려금은 복지 부서, 보육은 교육 부서, 주거는 도시 부서, 일자리는 산업 부서가 각각 담당한다. 시민의 삶에서는 이 모든 요소가 동시에 작동해야 하는데, 행정에서는 따로 움직인다. 정보는 흩어져 있고, 신청은 개별적으로 해야 하며, 시기를 놓치면 혜택은 사라진다. 그래서 정책은 존재하지만 생활에서 연결되지 않는다.

또 하나의 문제는 광주의 구조적 생활비 부담이다. 주거비, 사교육비, 교통비, 의료비가 동시에 높은 도시 구조에서, 출산지원금은 상징적 의미만 남는다. 특히 돌봄 공백은 여전히 가정이 떠안아야 할 위험으로 남아 있다. 그래서 시민들은 출산을 결정할 때 정책보다 가계 계산서를 먼저 펼친다.

여기에 광주는 여전히 개별 가구 지원 중심의 정책 사고에서 벗어나지 못하고 있다. 반면 전남 일부 지역은 마을, 학교, 돌봄, 주거를 묶는 생활권 단위 구조를 만들고 있다. 아이를 키우는 일이 가족만의 부담이 아니라, 지역이 함께 감당하는 구조로 설계될 때 출산은 위험한 선택이 아니라 가능한 선택이 된다.

광주의 출산 정책이 바뀌어야 할 방향도 분명하다. 첫째, 출산·양육·주거·일자리를 묶은 통합 생활 패키지 정책이 필요하다. 출산 가구에게 단순 지원금이 아니라, 공공임대 우선권, 돌봄 우선 배정, 의료 접근 보장, 부모 일자리 연계까지 포함된 구조가 제공돼야 한다. 행정 편의가 아니라 시민 삶의 흐름을 기준으로 정책이 설계돼야 한다.

둘째, 돌봄을 민간 의존 구조에서 공공 책임 구조로 전환해야 한다. 국공립 돌봄시설 확충뿐 아니라, 야간·주말 돌봄, 긴급 돌봄, 병원 연계 돌봄 같은 생활 대응형 서비스가 강화돼야 한다. 출산 이후의 불안은 대부분 돌봄 공백에서 시작된다.

셋째, 광주와 전남을 연계한 광역 생활권 인구 전략이 필요하다. 의료, 주거, 교육, 일자리 자원을 광역 단위로 설계하면, 광주에서 일하고 전남에서 살거나, 전남에서 돌봄과 교육을 받고 광주에서 문화와 의료를 이용하는 구조도 가능해진다. 출산과 정주는 더 이상 시 경계 안에서 해결할 수 있는 문제가 아니다.

광주 인식FGI에서 나온 질문은 그래서 단순하다. “지원은 있다는데, 왜 우리는 못 느끼죠?” 이 질문에 답하지 못하는 한, 출산 정책은 계속 숫자 속에서만 존재할 것이다. 이제 필요한 것은 현금이 아니라 구조다. 아이를 낳아도 삶이 무너지지 않는 도시, 그 확신을 만들어 주는 정책 설계가 지금 광주에 요구되고 있다.

지방소멸, 이제는 '정주와 산업'을 함께 바꿔야 한다

지방소멸은 더 이상 추상적 경고가 아니다. 수치로 확인되는 현실이며, 이미 진행 중인 구조적 위기다. 한국경제인협회(한경협)가 비수도권 시·군 지자체 120곳을 대상으로 실시한 조사에서, 응답 지자체의 77.0%가 현재 인구감소·지방소멸 위험 수준을 '높다'고 평가했고, 64.0%는 5년 뒤 상황이 더 악화할 것이라고 답했다.

비수도권 지자체 지방소멸 인식 조사 요약 (한경협, 2026)

구분	응답 비율
현재 지방소멸 위험 '높음'	77.0%
5년 후 더 악화 전망	64.0%

정책이 효과적이라고 평가	38.1%
최우선 과제: 기업 유치	37.5%

이 조사는 세계일보가 2026년 1월 20일자 기사에 따르면 권역별로 보면 상황은 더 선명하다. 강원권 85.7%, 경상권 85.3%, 전라권 78.6%가 지방소멸 위험을 '높다'고 답했다. 전라권 역시 10곳 중 8곳 가까이가 구조적 위기 상태라는 의미다. 이는 일부 낙후 지역의 문제가 아니라, 권역 전체가 인구 기반을 잃어가고 있다는 신호다.

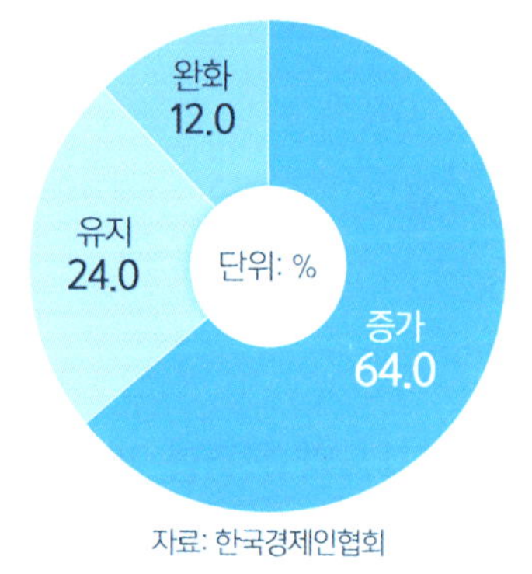

더 주목할 대목은 지방소멸의 원인에 대한 지자체의 진단이다. 같은 조사에서 지자체들은 지방소멸의 가장 큰 원인으로 산업·일자리 부족(44.2%)을 꼽았고, 그 다음이 주택·주거환경(21.4%), 의료·보건·돌봄(17.5%), 교육·대학(9.1%) 순이었다.

이는 지방소멸이 단지 출산율 문제나 고령화 문제에 머물지 않고, 정주를 가능하게 하는 생활 인프라와 산업 구조가 동시에 붕괴되고 있다는 복합 위기임을 보여준다.

이 구조에서 출산 정책만 따로 떼어 강화하는 방식은 효과를 내기 어렵다. 광주 인식FGI에서도 시민들은 출산을 개인 선택의 문제가 아니라, "병원 접근성, 돌봄 공백, 주거비, 일자리 안정성"이 동시에 해결되지 않으면 감당할 수 없는 문제로 인식하고 있었다. 난임 치료를 위해 수도권으로 이동해야 하고, 산후 돌봄은 예약조차 어렵다는 체감은, 의료와 돌봄이 지역에서 작동하지 않는다는 뜻이다. 출산을 결심하는 순간부터 이미 지역을 떠나야 하는 구조라면, 출산율을 지역 안에서 회복시키는 것은 불가능에 가깝다.

그래서 인구 정책은 '출산 장려'가 아니라 정주 조건의 복원 정책이 되어야 한다. 그리고 그 출발점은 지자체들이 공통으로 꼽은 바로 그 지점, 산업과 일자리다. 한경협 조사에서도 지방소멸 대응을 위한 최우선 과제로 기업 유치(37.5%)가 가장 많이 선택됐다. 지자체가 스스로 인정한 것이다. 사람이 살기 전에, 먼저 일할 이유가 있어야 한다는 현실을.

하지만 기업 유치는 공장 몇 개 유치하는 수준으로는 지속성을 담보하기 어렵다. 산업이 들어오면 주거가 따라와야 하고, 주거가 형성되면 의료·보육·교육이 연결돼야 하며, 그래야 출산과 가족 형성이 가능해진다. 그래서 산업정책과 인구정책, 복지정책은 이제 분리된 트랙이 아니라 하나의 정책 패키지로 설계되어야 한다.

한경협이 제안한 '3자 연합 모델'도 같은 맥락에 있다. 수도권 베이비붐 세대를 지역 중소기업 취업과 귀촌으로 연결해, 일자리-주거-지역소비를 동시에 살리는 구조를 만들자는 제안이다. 이 모델에 대해 지자체의 55.0%가 긍정적이라고 답했고, 성공 조건으로는 일자리 매칭 플랫폼 구축(25.0%), 안정적 주거시설 제공(20.5%), 의료·복지 서비스 강화(12.5%)가 필요하다고 봤다. 다시 말해, 일자리가 중심이지만, 그 주변을 받쳐주는 정주 인프라 없이는 이동도 정착도 일어나지 않는다는 뜻이다.

이 지점에서 광주·전남 같은 권역 단위 전략이 중요해진다. 광주는 의료·교육·문화 인프라가 상대적으로 집중된 도시이고, 전남은 농업·해양·에너지·관광 자원이 넓게 분포한 지역이다. 그런데 현재 정책 구조에서는 이 자산들이 하나의 생활권 산업·정주 모델로 결합되지 못한 채 분절적으로 작동한다. 광주는 도시형 서비스에 머물고, 전남은 정주 기반이 약한 채 관광·1차 산업 위주 구조에 갇혀 있다. 이 구조에서는 기업 유치도, 인구 유입도, 출산 회복도 동시에 일어나기 어렵다.

따라서 인구감소 대응의 전략 단위는 개별 시·군이 아니라 광역 생활권이 되어야 한다. 산업은 광역 단위로 유치하고, 주거는 지역 분산형으로 공급하며, 의료·돌봄은 권역 거점과 이동형 서비스로 촘촘히 연결하는 구조가 필요하다. 그래야 기업도 오고, 근로자도 살고, 가족도 정착한다. 출산 정책은 이 구조 위에서야 비로소 효과를 낼 수 있다.

세계일보 보도에서 이상호 한경협 경제산업본부장은 "수도권과 비수도권 간 산업·일자리 격차가 확대되면서 지방소멸 위기가 심화하고 있다"며, "수도권 은퇴 베이비부머의 지역 재취업을 유도하면 지역경제와 내수 활성화에 도움이 될 것"이라고 말했다. 이 발언이 중요한 이유는, 지방소멸이 단지 인구 이동의 문제가 아니라 산업 재배치와 노동 이동의 문제라는 점을 정확히 짚고 있기 때문이다.

결국 인구 문제의 해법은 출산 장려금 인상이나 일시적 전입 인센티브가 아니다. 일자리, 주거, 의료, 돌봄, 교육이 한 번에 작동하는 정주 시스템을 만드는 일이다. 그리고 그 시스템은 시·군 단위로는 설계할 수 없다. 이미 사람의 이동, 노동시장, 의료 서비스, 교육 선택은 모두 광역 단위로 작동하고 있기 때문이다.

“10곳 중 6곳이 더 나빠진다”는 전망은 예측이 아니라, 지금 구조를 유지할 경우의 확정된 미래에 가깝다. 지방소멸은 더 이상 막아야 할 위기가 아니라, 구조를 바꾸지 않으면 피할 수 없는 결과가 되었다. 지금 필요한 것은 개별 사업의 추가가 아니라, 정책 설계 단위 자체를 바꾸는 결단이다. 인구정책은 더 이상 복지의 영역이 아니라, 국가 산업과 국토 구조의 재설계 문제다.

지방이 사라지면 국가는 작아진다. 그리고 그 시작은 이미 통계 속에서 진행 중이다. 이제는 숫자를 세는 정책이 아니라, 사람이 머무를 구조를 만드는 정책으로 전환해야 할 때다.

“퇴근은 했는데,
아이를 맡길 곳은 없다”

— 맞벌이 가정 돌봄 공백이 일상이 된 도시

광주 인식FGI에서 가장 자주 반복된 말 가운데 하나는 “맞벌이 아니면 버틸 수 없는데, 맞벌이라서 더 버티기 어렵다”는 체감이었다. 한 참여자는 “어린이집 끝나면 누가 데리러 가야 하는데, 회사에서 그 시간에 나오는 게 거의 불가능하다”고 했고, 또 다른 참여자는 “초등학교 들어가니까 오히려 더 힘들다. 학원 가기 전까지 아이가 혼자 있는 시간이 너무 길다”고 말했다. 퇴근은 했지만, 아이를 맡길 곳은 없고, 부모의 하루는 늘 시간과 죄책감 사이에서 무너진다.

맞벌이 가정의 돌봄 공백은 더 이상 일부 가정의 문제가 아니다. 생활비와 주거비, 교육비 부담이 커지면서 맞벌이는 선택이 아니라 기본 조건이 되었다. 그런데 돌봄 시스템은 여전히 한쪽 보호자가 집에 있다는 가정 위에서 설계돼 있다. 어린이집과 학교의 운영 시간, 방과후 프로그램의 공백, 긴급 돌봄의 부족은 모두 "부모가 조정해서 해결하라"는 구조로 남아 있다.

이 구조가 유지되는 한, 출산은 늘 '다음에'로 미뤄질 수밖에 없다. 광주 인식FGI에서 "둘째는 엄두도 못 낸다"는 말이 반복된 이유도 여기에 있다. 아이를 하나 키우는 것도 매일이 위기인데, 둘째는 상상조차 할 수 없는 생활 구조라는 것이다. 그래서 출산율의 하락은 개인의 가치관 변화가 아니라, 돌봄을 감당할 수 없는 생활 조건의 결과로 읽어야 한다.

문제는 돌봄 공백이 특정 시간대에 집중된다는 점이다. 오전 9시부터 오후 6시까지는 제도권 보육이 어느 정도 작동한다. 그러나 문제는 그 전과 그 이후다. 출근 시간대의 등원, 오후 4시 이후의 하교, 저녁 시간대의 공백, 그리고 갑작스러운 야근이나 아이의 질병 상황에서 부모는 언제든지 '대안이 없는 상태'에 놓인다. 이때 작동해야 할 것이 공공 돌봄인데, 현실에서는 대부분 가족이나 개인의 네트워크에 의존한다.

도시일수록 이 문제가 더 심각해진다. 농촌에서는 조부모, 이웃, 마을 단위 돌봄이 남아 있는 경우도 있지만, 도시에서는 핵가족과 단절된 생활 구조가 일반적이다. 그래서 맞벌이 가정은 돌봄을 돈으로 사거나, 부모의 경력을 포기하는 선택지밖에 갖지 못한다. 그 선택이 반복될수록 여성의 노동 지속은 어려워지고, 결국 출산 이후 한 사람이 일에서 이탈하는 구조가 굳어진다.

광주의 돌봄 정책 역시 제도는 있으나 생활에 밀착되지 못한다는 평가가 많다. 국공립 어린이집과 방과후 돌봄교실, 다함께돌봄센터 등이 확대되고 있지만, 실제 이용 가능한 시간과 지역 분포, 대기 문제, 긴급 상황 대응 능력은 여전히 한계가 있다. 돌봄이 '존재한다'는 사실과 '필요할 때 쓸 수 있다'는 경험 사이에는 큰 간극이 있다.

특히 초등 돌봄은 구조적 사각지대다. 어린이집 시기를 지나면 돌봄이 갑자기 느슨해지고, 방과후 학교와 학원이 그 자리를 대신한다. 그러나 이는 교육의 문제이지 돌봄의 문제를 해결해 주지 않는다. 학원 이동 시간, 귀가 시간, 저녁 시간대의 공백은 그대로 남는다. 그래서 부모들은 아이의 하루를 '시간표로 쪼개 붙이는 관리자'가 되고, 돌봄의 부담은 오히려 더 커진다.

이런 구조에서 돌봄 공백은 개인의 육아 역량 문제가 아니라 도시 설계의 실패다. 돌봄을 교육 정책의 부속물로 다루고, 가족 책임에 기대는 한, 맞벌이 가정의 일상은 계속 무너진다. 그래서 돌봄 정책은 복지 차원이 아니라 노동 지속과 인구 유지의 핵심 인프라로 인식되어야 한다.

돌봄 공백을 줄이기 위해 필요한 방향은 분명하다. 첫째, 돌봄 시간을 실제 생활 리듬에 맞춰 확장해야 한다. 등교 전 아침 돌봄, 하교 직후 연속 돌봄, 저녁 시간대 돌봄까지 연결되는 연장형 생활 돌봄 체계가 필요하다. 부모의 근무 시간이 바뀌지 않는 한, 아이의 돌봄 시간만 짧게 설계해서는 문제를 해결할 수 없다.

둘째, 학교와 지역 시설을 결합한 생활권 돌봄 거점이 필요하다. 학교 안에서만 돌봄을 해결하려 하면 공간과 인력의 한계에 부딪힌다. 학교, 도서관, 주민센터, 문화시설, 체육시설이 함께 쓰이는 복합형 돌봄 네트워크가 만들어져야 아이의 하루가 지역 안에서 이어진다.

셋째, 긴급 돌봄과 병원 연계 돌봄이 제도 안으로 들어와야 한다. 아이가 갑자기 아플 때, 보호자가 당장 회사를 비울 수 없을 때, 돌봄이 끊어지는 순간이 가장 큰 위기다. 이 공백을 메우지 못하면 부모는 결국 일을 포기하거나 출산을 미루게 된다.

넷째, 돌봄 인력에 대한 공공 책임을 강화해야 한다. 돌봄을 시장에 맡기면 비용은 오르고 접근성은 떨어진다. 공공이 돌봄 인력을 직접 양성·고용·배치하는 구조로 가지 않으면, 돌봄 격차는 계속 확대된다.

이 모든 과제는 단순한 복지 확대가 아니라, 도시의 노동 구조를 지탱하는 사회 인프라 구축에 가깝다. 맞벌이가 일반화된 사회에서 돌봄이 안정되지 않으면, 노동도 출산도 지속될 수 없다. 그래서 돌봄 정책은 저출생 대책의 주변이 아니라, 중심에 놓여야 한다.

광주 인식FGI에서 나온 말은 그래서 현실적이다. “회사도 포기 못 하고, 아이도 포기 못 하는데, 중간에 설 수가 없다.” 이 말은 개인의 고충이 아니라 도시가 감당하지 못한 책임을 가리킨다. 맞벌이 가정이 버티는 구조 위에 도시가 유지되고 있다면, 이제는 도시가 그 가정을 떠받칠 차례다.

퇴근했는데 아이를 맡길 곳이 없는 도시에서, 누가 아이를 더 낳고 싶어질까. 돌봄 공백을 줄이는 일은 단지 부모를 돕는 일이 아니라, 도시가 계속 존재할 수 있는 조건을 만드는 일이다. 그리고 그 조건은 더 이상 미룰 수 없는 정책의 영역에 들어와 있다.

"집 가까운 보육이 권리다"

— 국공립 보육 접근성 격차, 광주·전남 통합으로 풀어야 할 과제

국공립 보육시설 접근성의 격차가 출산·정주 문제를 '생활의 질' 차원으로 끌어올리고 있다. 한 부모는 "우리 동네에는 국공립이 있어도, 아이 맞춤 시간에 걸어서 못 간다"고 말한다. 또 다른 부모는 "차로 30분 이상 걸리는 곳만 있는데, 그 시간에 출근해야 한다"고 했다. 이러한 발언은 단순한 불평이 아니다. 보육 접근성 격차는 일상의 시간과 선택권의 차이를 의미한다.

문제는 단순히 시설 수가 부족해서가 아니다. 광주광역시와 전라남도에서 보육시설이 전국 평균보다 많건 적건, 가정과 직장 동선 안에서 '닿을 수 있느냐'가 체감의 핵심이다. 국공립 보육시설은 대도심의 일부 동네에 몰려 있고, 농어촌·산간 지역은 공백이 크다. 전통적 복지 체계는 "시설은 있다"고 말하지만, 부모들은 "우리 삶에서는 쓸 수 없다"고 답한다. 이런 격차는 결국 정주 실패의 징후로 작동한다.

전남 지역은 특히 상황이 심각하다. 저출생이 심화되면서 어린이집과 유치원의 폐원이 이어지고 있다. 지난해 기준 전남 내 어린이집 수는 2021년 1051곳에서 2023년 952곳으로 3년 사이 99곳이 줄었다는 통계가 나왔다. 더욱이 노컷뉴스가 2024년 1월에 보도한 바에 따르면 전남 297개 읍·면·동 가운데 31.6%인 94개 지역에는 어린이집이 한 곳도 설치돼 있지 않다는 사실이 확인됐다. 보육 인프라가 사라져 가는 현실은 곧바로 돌봄 공백과 아이를 맡길 공간 자체의 소멸로 이어지고 있다.

이러한 상황을 직시하며 전남도는 2025년 9월 11일 '전라남도 보육정책 간담회'를 전남도의회 초의실에서 개최했다. 이 토론에서는 저출생과 유보통합 등 구조적 변화로 인해 폐원이 증가하고 있고, 지역별 맞춤형 재정 지원과 정책 변화가 절실하다는 의견이 제기됐다. 참석자들은 폐원 지원금 제도 도입, 보육교사 처우 개선, 조리사 인건비 지원, 영아 현장 학습비 지원 등 구체적 대안을 함께 언급했다.

전남도는 간담회에서 전남연구원의 분석자료를 토대로

'어린이집 운영 현황'과 '폐원 특성', 유보통합 이후 대응 방향 등을 공유하며 "시설 유지와 서비스 안정성을 확보해야 한다"는 공감대를 형성했다. 그러나 이 논의는 아직 정책 수립 단계에 머물러 있으며, 현장 체감으로 연결되기까지는 갈 길이 멀다.

국공립 보육 접근성의 격차는 단지 시설 공급의 문제가 아니다. 그것은 가정의 시간표, 직장과 가정의 거리, 돌봄의 지속 가능성과 직결된다. 특히 맞벌이 가정에서 어린이집의 위치와 운영 시간은 아이를 맡기고 다시 출근할 수 있는지 여부를 좌우하는 핵심 조건이다. 어느 동네는 국공립 단지 안에 있어 아이를 맡기고 직장까지 15분이면 되지만, 다른 동네는 대중교통으로 40~50분이 걸리는 경우가 많다. 이 격차는 부모의 선택권을 실질적으로 제한하는 정주권의 차별이다.

광주와 전남의 경우, 보육 격차는 행정 경계를 넘어 생활권 단위의 문제다. 광주는 도시형 인프라를 갖고 있지만, 외곽과 농촌권은 접근성이 떨어진다. 전남은 전체적으로 시설이 부족하고 폐원마저 늘어나고 있다. 이때 국공립 어린이집은 '복지 제도'가 아니라 지역 경쟁력의 지표가 된다. 보육이 안정된 곳에 가정이 오고, 가정이 안정된 곳에 교육·의료·주거가 확장되며, 결국 인구 정주가 이루어진다. 반대로 보육 인프라가 사라지는 지역은 인구가 빠르게 줄어드는 악순환의 중심이 된다.

실제로 저출생의 영향으로 어린이집·유치원이 지속적으로 폐원되는 사례는 전국적으로 보고된다. 제주도의 경우에도 저출산으로 원아 수가 급감하면서 일부 보육시설이 다른 용도로 전환되고 있으며, 폐원 속도가 빨라지고 있다는 보도가 나왔다. ([동아일보, 2024.1.31]) 육아정책연구소의 연구 보고서는 2028년에는 2022년 대비 전국의 어린이집·유치원 수가 30% 이상 감소할 수 있다는 전망까지 제시하고 있다. ([연합, 2024.1.30]) 이는 단순히 숫자의 감소가 아니라, 지역에서 아이를 키울 수 있는 기반 자체가 사라질 수 있다는 위험을 뜻한다.

광주·전남 통합 논의는 이런 '실제 생활의 문제'를 구조적으로 풀 수 있는 기회다. 보육시설 설치와 운영을 각 시·군 단독으로 계획하면, 보육 허브는 특정 지역에만 집중되고 주변 농촌권은 소외될 수밖에 없다. 반면 통합 생활권 차원에서 보육 접근성 지도를 만들고, 권역 단위로 시설을 확충·재편성하면 부모가 거주와 일·돌봄을 하나의 동선으로 묶을 수 있다. 단지 한 곳에 국공립을 더 만드는 것이 아니라, 가정과 직장 사이의 거리 안에 공공보육이 들어서도록 공간을 재설계해야 한다.

이를 위해 다음과 같은 정책 방향이 필요하다.

첫째, 초광역 보육권 지도 작성이다. 어린이집 위치만 나열한 지도는 의미가 없고, 가정-직장-통학 경로와 실제 보육 이용 가능 시간을 반영한 접근성 지표가 필요하다. 이를 기반으로 우선 설치 지역을 선정하고 재정 지원을 배분해야 한다.

둘째, 폐원 어린이집의 재구조화다. 폐원이 예정된 보육시설을 단순히 닫는 것이 아니라, 거점형 국공립 전환, 커뮤니티 돌봄 거점화, 유휴시설과 결합한 혼합형 보육·돌봄 공간으로 재생하는 전략이 필요하다.

셋째, 보육·돌봄 연계체계 강화다. 특히 맞벌이·비정규 시간 근로자, 야간 근로자 가정을 위해 시간제 보육, 야간돌봄, 긴급돌봄을 통합 지원하고, 광역 생활권 차원으로 운영해야 한다.

국공립 보육시설은 보육 정책의 일부가 아니다. 그것은 가정이 정주를 선택하고 지속할 수 있는 기반 인프라로서, 지역 경쟁력의 핵심 지표다. 폐원과 소멸이 이어지는 지역에서는 보육 인프라의 재편이 곧 지역 생존 전략이다. 광주·전남 통합은 광역 단위로 이 격차를 근본적으로 줄일 수 있는 구조적 전환점이다. 부모가 "우리 아이도 학교처럼 집 가까운 공공보육을 이용할 수 있다"고 말할 수 있을 때, 우리는 비로소 정주가 가능한 도시와 지역으로 나아갈 수 있다.

국가책임 돌봄은 선언이 아니라 설계다

이재명 대통령은 대선 과정에서 저출생과 돌봄 문제를 국가의 구조적 책임으로 전환하겠다는 점을 분명히 했다. 영유아 보육의 공공성 강화, 초등 전 학년 늘봄학교 확대, 온종일 돌봄체계 구축, 야간·긴급 돌봄 확충, 돌봄 종사자 처우 개선, 육아휴직 실질 보장과 대체인력 지원 확대까지, 공약의 방향은 한 줄로 요약된다. 돌봄을 가족의 희생이 아니라 사회의 인프라로 만들겠다는 선언이었다.

그러나 정책의 성패는 선언이 아니라 집행 구조에서 갈린다. 그 현실을 여실히 보여준 사례가 바로 '통합돌봄' 제도의 시행을 앞두고 드러난 준비 부족 실태다.

동아일보는 2026년 1월 8일자 보도에서, 병원이나 시설이 아닌 재가(在家) 중심 의료·요양·복지를 통합 제공하는 '통합돌봄'이 3월 말 전면 시행을 앞두고 있음에도, 전국 시군구의 절반이 아직 준비조차 못 한 상태라고 전했다. 보건복지부 조사에 따르면 전국 229개 시군구 중 준비 완료 지역은 116곳(50.7%)에 불과했고, 나머지 113곳은 전담 조직과 인력 확보, 서비스 대상 발굴, 조례 제정 등 기본 요건조차 갖추지 못한 것으로 나타났다.

지역 격차는 더 심각했다. 광주와 대전은 준비율 100%를 기록했지만, 경북은 58.2%, 전북은 61.4%에 그쳤고, 전북 부안군·순창군, 경북 구미시는 5개 준비 지표 모두에서 미달 판정을 받았다. 일부 지자체는 조례만 만들어두고 실제 집행 조직과 인력은 전무한 상태였고, 38개 지자체는 서비스 대상자조차 발굴하지 못한 채 시행을 맞게 되는 상황이었다.

진용호 인천대 사회복지학과 교수는 이와 관련해 "적극적인 지자체는 일찌감치 조직을 꾸리고 지역 요구를 파악했지만, 일부 지역은 본사업 시행이 코앞인데도 행정이 지나치게 소극적"이라고 지적했다. 남서울대 이주열 교수는 또 다른 원인을 짚었다. "복지부 내부에서도 보건과 복지 파트가 칸막이에 막혀 있고, 지자체도 의료·요양·복지 체계를 통합적으로 묶을 행정 역량이 부족하다"는 것이다. 즉, 문제는 예산만이 아니라 정책을 엮어내는 구조와 권한의 부재다.

이 보도는 단순히 노인 돌봄 정책 하나의 지연을 말하는 기사가 아니다. 이것은 국가책임 돌봄이라는 공약이 지역의 행정 구조를 바꾸지 않으면 실현될 수 없다는 경고다.

이 문제의식은 광주 시민들의 체감과 정확히 맞닿아 있다. 최근 진행된 광주 인식 FGI에서 시민들은 늘봄학교와 돌봄 정책에 대해 이렇게 말한다.

“늘봄이 있다는데 퇴근 시간이랑 안 맞아요. 결국 내가 일찍 나와야 해요.”

“아이 아프면 맡길 데가 없어서 결국 결근해야 하죠. 제도는 많은데 연결이 안 돼요.”

“오늘은 학교, 내일은 센터, 모레는 조부모… 매일 돌봄을 새로 짜야 해요.”

여기서 시민이 말하는 불편은 단순한 서비스 부족이 아니다. 돌봄, 이동, 근로시간, 의료 접근이 하나의 생활 구조로 설계되지 않았다는 점이다. 통합돌봄 제도의 준비 미흡이 보여준 것처럼, 한국의 돌봄 정책은 여전히 기관별·부서별·사업별로 흩어진 상태에서 시민에게 전달된다. 그러니 정책은 늘어나도 하루는 바뀌지 않는다.

이 지점에서 광주·전남 통합 논의는 전혀 다른 의미를 갖는다. 이것은 행정구역을 합치는 문제가 아니라, 돌봄·교육·교통·의료·고용을 생활권 단위로 묶을 수 있는 권한 구조를 만들 수 있느냐의 문제다.

광주와 전남은 이미 하나의 생활권으로 움직인다. 부모의 직장은 광주, 아이 돌봄은 전남의 조부모, 주말 여가는 전남, 의료와 문화는 다시 광주로 이어진다. 그러나 정책은 광주시 정책, 전남도 정책, 교육청 정책, 고용 정책으로 쪼개져 있다. 통합돌봄이 전국적으로 준비 부족 상태에 빠진 이유도, 이런 분절된 정책 구조가 지자체 단위에서는 더욱 심화되기 때문이다.

초광역 특별지자체 체계가 만들어지면 무엇이 달라질 수 있을까.

첫째, 늘봄학교와 지역 돌봄, 의료·요양 돌봄을 하나의 권역 전달체계로 묶는 통합 운영이 가능해진다. 학교 기반 돌봄, 마을 돌봄센터, 방문 간호·의료, 긴급 돌봄 서비스가 서로 다른 사업이 아니라 단일 서비스 체계로 설계될 수 있다. 이용자는 하나의 창구, 하나의 앱, 하나의 상담 체계에서 지원을 받는다.

둘째, 돌봄과 교통을 결합한 정책 설계가 가능해진다. 통합 생활권에서는 등·하교, 돌봄 이동, 병원 이동, 부모 출퇴근 동선을 함께 고려한 수요응답형 교통, 돌봄 연계 셔틀, 야간 안심 이동 체계를 묶어 설계할 수 있다. 이는 기초지자체 단위로는 예산도, 운영도 감당하기 어렵다.

셋째, 중소기업과 자영업을 포함한 일·가정 양립 노동정책을 권역 단위로 구축할 수 있다. 공동 대체인력 풀, 광역 인력은행, 육아기 근로자 지원금 패키지, 산업단지 단위 돌봄 연계 프로그램이 가능해진다. 돌봄 정책이 복지에서 끝나지 않고 고용 안정 정책으로 확장된다.

통합돌봄 제도가 준비 부족 상태에 빠진 이유는 지자체가 무능해서가 아니라, 지자체에게 주어진 권한과 정책 도구가 애초에 통합형 돌봄을 설계하기에 부족했기 때문이다. 복지부가 아무리 지침을 내려도, 의료 인력 배치, 교통 연계, 주거 정책, 노동 정책을 동시에 묶어 설계할 수 없으면 통합은 선언에 머문다.

그래서 이재명 대통령의 국가책임 돌봄 공약이 성공하려면, 지방에서도 반드시 정책 권한의 구조 자체가 바뀌어야 한다. 광주·전남 통합은 그 구조 개편을 실험할 수 있는 가장 현실적인 단위다.

아이를 맡길 곳이 없어 회사를 그만두는 도시에서, 돌봄과 근로가 동시에 가능하도록 설계된 생활권으로 전환하는 일.

병원이 아니라 집에서 존엄하게 돌봄을 받는 노년, 아이를 낳아도 삶이 무너지지 않는 청년·부모 세대. 통합돌봄의 준비 부족 사태가 보여준 것은, 정책의 실패가 아니라 구조의 한계다.

이제 질문은 이것이다. 국가가 책임지겠다고 선언한 돌봄을, 지역이 어떤 구조로 완성할 것인가. 광주·전남 통합이 답해야 할 과제는 행정조직 개편이 아니라, 국가 공약을 시민의 하루로 바꾸는 설계 능력이다.

돌봄은 서비스가 아니라 시스템이다. 그리고 그 시스템은, 생활권 단위에서만 제대로 작동한다.

"일자리가 먼저다"

대한민국 청년층의 일자리 현실은 여전히 구조적 위기국면이다. 정부가 막대한 예산을 투입하고 다양한 프로그램을 운영하고 있음에도, 고용의 질과 일자리 기회는 갈수록 청년의 기대와 거리가 멀다. 청년 실업률이 연속 하락하고 '일할 의사는 있어도 구할 수 없는' 청년층이 늘고 있는 현실은 정책의 효과가 현장에서 체감되지 못하고 있음을 보여준다.

청년층(15~29세)의 고용 지표는 구조적 난제다. 청년층 고용률은 11개월 연속 감소하고, '쉬었음(resting)' 상태에 있는 청년은 45만 명을 넘어섰다는 보도가 있다. 이들은 공식 실업률 통계에는 잡히지 않지만, 취업 의사가 있으면서도 직업 기회를 찾지 못해 구직 활동을 멈춘 '숨은 실업자'다. 이 보고서는 양질의 일자리가 부족하고, 원하는 일자리와 실제 일자리 간의 간극이 확대되고 있다는 현실을 그대로 반영한다.

광주 인식 FGI에서도 비슷한 맥락의 발언들이 나왔다. "광주에는 괜찮은 일자리가 부족하다, 진로·직무 선택 폭이 좁다"는 의견이 반복됐다. 단순히 '취업 자리를 찾았다'는 것만으로는 충분하지 않다. "전공과 경력이 연결되는 일자리", "장기적으로 성장할 수 있는 기회", "임금·복지가 안정적인 직장"이라는 조건들이 없다면, 광주에서 경력을 시작하고 이어 나갈 수 없다는 체감이다.

이 같은 청년 일자리의 질 문제는 단지 인식의 문제에 머물지 않는다. 노동시장 자체가 경험직을 선호하는 구조적 이중구조를 갖고 있어, 경력이 없는 청년층은 기회조차 얻기 어렵다는 분석도 존재한다. 한국은행과 언론은 경력직 채용 선호가 신입·경력 없는 청년의 취업 기회를 축소시키고 있다고 지적한다. 노동시장 구조가 경력 중심으로 고착되면서, 청년 고용의 문은 더욱 좁아지고, 비정규직·초단기 직업으로 남게 되는 경우가 많아졌다.

정부는 이러한 현실을 바꾸기 위해 다양한 전략을 내놓고 있다. 맞춤형 정밀 일자리 매칭 시스템, 청년 고용 All-Care

플랫폼의 확대, 그리고 청년 직무 훈련 및 체험 프로그램 강화 등이 그것이다. 예컨대 정부는 단지 문자메시지로 일자리 정보를 송출하는 방식을 넘어 개인의 전공·적성·근무 희망 지역을 반영한 일대일 정밀 매칭 시스템을 구축할 계획이다. 또한 청년층의 취업 준비 문제의식을 반영해, 직무 역량 강화 교육과 연계된 AI·디지털 인재 양성 프로그램, 그리고 기업의 청년 채용 인센티브 확대 정책도 올해부터 본격 추진되고 있다.

지자체 차원에서도 다양한 대응이 나타나고 있다. 부산시는 'Busan Youth Global JOB Challenge Project'를 통해 해외 경험 청년을 지역 기업과 연결하고 정규 취업으로 이어지도록 지원한다. 같은 맥락에서, 부산뿐 아니라 전국에서는 청년 취업 지원 HUB, 원스톱 취업 지원센터, 지역 기업과 연계한 취업 매칭 서비스 확대 등 지역 주도형 일자리 정책이 강화되고 있다.

그러나 지역 간 불균형 문제는 여전하다. 수도권과 광역시는 이 같은 정책 수혜를 보다 효과적으로 누리고 있는 반면, 지방권역 특히 광주·전남과 같은 비수도권은 공급되는 일자리의 수와 질 모두 상대적 열세에 놓여 있다. 이는 지역 사회 구조 전체에 영향을 미친다. 청년들은 "지역에는 원하는 일자리가 없다"고 토로하며 서울·수도권으로 이동할 수밖에 없는 선택을 반복한다. 이는 지역의 인구 감소와 경제 활력 저하로 이어지며, 지방소멸 위험을 더 촉진한다.

광주·전남 통합이라는 초광역적 정책 논의는 이러한 문제를 해결할 수 있는 구조적 조건을 마련하려는 시도다. 일자리 문제는 단일 시·도 단위에서 푸는 것이 아니라 권역 단위의 산업·인재·교육·거점 클러스터를 동시에 설계하는 것으로 접근해야 한다.

우수 사례에서 그 방향성을 찾을 수 있다. 일본의 지방 도시 중 일부는 지역 특화 산업을 중심으로 대학·기업·지자체가 결합한 클러스터를 구축해 청년 일자리를 창출하고 지역 정착을 강화한 사례가 있다. 이 모델은 단지 '일자리 수를 늘린다'는 차원을 넘어, 지역 산업의 경쟁력을 높이고 청년층의 직무 개발과 경력 성장이 동시에 가능한 구조를 만들었다는 점에서 의미가 있다. 이런 접근은 한국의 광주·전남에서도 충분히 설계할 수 있다.

예컨대 광주·전남은 AI·데이터·미디어·문화 콘텐츠 산업과 연계된 고급 일자리, 제조 스마트화, 환경·에너지 산업, 해양·농생명 산업 등 지역 특화 자원을 활용할 수 있는 산업 분야가 존재한다. 정책은 단순한 일자리 예산 확대에서 끝나서는 안 된다. 청년 인재의 직무 역량 강화 → 산업 수요와의 정밀 매칭 → 장기적인 산업경쟁력 확보로 이어지는 '지역 산업-인재 연계 시스템'으로 구축해야 한다.

이를 위해서는 다음과 같은 정책적 방향이 필요하다.

초광역 청년 일자리 전략 수립 - 광주·전남 통합 생활권 차원에서 산업·교육·취업 정책을 하나의 전략으로 묶어 지역 클러스터를 설계한다.

지역 특화산업 맞춤형 인재 양성 - 대학, 연구기관, 기업을 연계한 직무 기반 교육·훈련 프로그램을 설계하고, 지방 청년이 현장에서 경력을 쌓을 수 있도록 한다.

정밀 일자리 매칭 시스템 도입 - 정부가 추진 중인 "정밀 일자리 매칭 플랫폼"을 광역권 단위로 확장해, 지역 근무 희망자와 채용 수요를 최적화한다.

청년 창업·친환경 스타트업 인센티브 강화 - 지역 산업 특성에 맞는 스타트업 활성화 정책과 창업 인큐베이터를 강화해, 청년이 지역에서 기업가로 확장할 수 있는 환경을 만든다.

광주 인식 FGI에서도 반복된 목소리가 있다. "지역에는 기회가 없다"고 느끼는 청년들의 절망이 아니라, 그 절망을 변화시킬 제도와 생태계가 부재한 현실이 문제다. 정부와 지자체가 청년 정책을 확산하는 것과 동시에, 지역 자체가 청년에게 '선택 가능한 경력 경로'를 제공할 수 있는 구조로 전환해야 한다.

청년이 떠나는 지역에 남는 사람은 결국 없고, 남는 산업도 없다. 일자리 문제는 단지 실업률 수치를 개선하는 문제가 아니다. 지역의 미래를 설계하는 일이고, 그 설계는 청년의 경력과 지역 산업의 경쟁력이 함께 작동할 때만 지속 가능하다. 광주·전남 통합은 바로 이 지점에서 새로운 일자리 정책의 모델을 만들어야 한다.

02 일할 의지는 남아 있는데, 길이 보이지 않는다

- “공기업 말고는 뭐가 있죠?”
- “떠나는 게 ‘선택’이 아니라 ‘코스’가 됐다”
- 청년의 목소리가 제도가 될 때, 도시가 바뀐다
- “다음 단계가 보이지 않는다”
- 왜 광주에서 창업하면 떠나게 될까
- “왜 우리 동네에선 창업이 오래 못 가나”
- 일할 의지는 남아 있는데, 길이 보이지 않는다
- 공공일자리만 남은 도시, 중장년의 ‘다음 칸’을 만들자
- ‘노후 정보’가 멀수록, 노후는 더 비싸진다
- 요양 전에 이미 무너진다
- 교통은 토목이 아니라 도시 전략이다
- 유모차 하나 지나가기 힘든 도시, 이대로 괜찮을까

“공기업 말고는 뭐가 있죠?”

최근 진행된 광주 인식 FGI에서 청년·일자리·경제 구조를 다룬 대목에서는 유독 한 문장이 반복됐다.

“여기서는 공기업이나 공무원 말고는 딱히 떠오르는 진로가 없어요.”

또 다른 참여자는 이렇게 말했다. “전공 살려서 갈 만한 회사가 없으니까 결국 시험 준비하거나 수도권으로 나가게 돼요.”

“스타트업도 있긴 한데, 오래 다닐 수 있을지 모르겠고 경력으로 인정받을 수 있을지도 불안해요.”

청년들이 말하는 문제의 핵심은 ‘일자리가 없다’가 아니라, 장기 경력을 설계할 수 있는 산업과 직무의 폭이 좁다는 데 있다. 그래서 안정성이 높은 공기업·공무원으로 쏠리고, 그렇지 않으면 지역을 떠나는 선택으로 이어진다.

이 인식은 단순한 체감이 아니다. 광주는 공공기관 비중이 높고, 대기업 본사와 중견기업 본부급 기능이 적은 구조를 갖고 있다. 그 결과 청년층이 선택할 수 있는 직무는 행정·공공서비스, 일부 제조·서비스업, 단기 프로젝트형 일자리로 한정된다. '직무 기반 노동시장'이 아니라 '조직 기반 취업 시장'이 지배적인 도시 구조가 형성돼 있는 셈이다. 그러니 청년에게는 "어디 회사에서 무슨 일을 하며 성장할 수 있는가"보다 "어느 조직에 들어가느냐"가 진로의 기준이 된다.

이 문제를 완화하기 위한 시도는 이미 곳곳에서 이루어지고 있다. 광주 지역 대학들은 최근 몇 년 사이 전공-직무 연계형 교육과 산학협력 강화에 상당한 노력을 기울이고 있다. 예를 들어 전남대와 조선대, 광주과학기술원(GIST)은 AI·데이터·반도체·바이오·문화기술(CT) 분야 중심의 융합 전공과 기업 연계 프로젝트 수업을 확대해 왔다. 학생이 졸업 전에 실제 기업 과제를 수행하고, 연구소·스타트업과 공동 프로젝트를 진행하도록 하는 방식이다. 이는 단순 취업 특강이 아니라, 지역 산업과 연결된 직무 경험을 대학 단계에서부터 제공하려는 구조적 시도다.

또한 광주시는 AI 집적단지, 실증센터, 창업 캠퍼스, 테크노파크 연계 프로그램을 통해 청년 창업과 기술기업 육성에 투자해 왔다. 단기 창업 지원금이 아니라, 시제품 제작, 실증 테스트, 공공데이터 활용, 공공기관 연계 구매까지 이어지는 구조를 만들려는 정책적 고민도 분명히 존재한다. 지역 혁신기관과 대학, 기업을 묶는 산학연 협력 플랫폼 역시 확대되고 있다. 문제는 이 노력들이 아직 청년 다수에게 '안정적인 경력 경로'로 인식될 만큼의 규모와 밀도에 이르지 못했다는 점이다.

그래서 FGI에서는 이런 말도 나온다.

"학교에서는 할 수 있다고 하는데, 막상 졸업하면 그 다음이 잘 안 보여요."

"몇 명 성공 사례는 나오는데, 그게 일반적인 경로는 아닌 것 같아요."

정책과 현장의 괴리가 체감되는 지점이다. 일부 프로젝트형 성공 사례가 생태계 전체를 바꾸지는 못하고 있다.

이 문제를 극복하려면 정책의 초점이 '취업 지원'에서 '산업 구조 설계'로 이동해야 한다. 청년 일자리는 복지나 노동정책의 부속물이 아니라, 지역 경제 전략의 핵심 지표여야 한다. 단기 채용 인센티브보다 중요한 것은, 기업이 지역에 남아 본부 기능과 연구개발, 고부가가치 직무를 지속적으로 운영할 이유를 만들어 주는 정책이다. 그래야 청년에게도 "여기서 시작해도 경력이 쌓인다"는 확신이 생긴다.

이 지점에서 광주·전남 통합 논의는 새로운 의미를 갖는다. 광주 단독으로는 산업 스펙트럼이 제한적이지만, 전남까지 포함하면 상황은 달라진다. 전남에는 에너지·해상풍력·수소·농생명·해양바이오·스마트농업·국가산단 등 다양한 산업 기반이 존재한다. 그러나 현재 구조에서는 광주는 도시서비스와 공공기관 중심, 전남은 산업·자원 중심으로 분절된 발전 경로를 걷고 있다. 이 구조에서는 청년에게 연속적인 경력 경로가 만들어지기 어렵다.

통합 광역권에서는 정책 방향을 이렇게 재설계할 수 있다.

첫째, 산업-대학-연구소-기업을 하나의 초광역 직무 생태계로 묶는 전략이다. 광주 대학의 인재가 전남 산업단지와 연구 프로젝트, 현장 실증에 자연스럽게 연결되고, 다시 광주 도시형 기업과 스타트업으로 이동하며 경력을 확장하는 구조를 만들 수 있다.

둘째, 공공기관과 공기업의 지역 조달·실증·공동연구 기능을 광역 단위로 묶어 지역 기업에 지속적인 수요를 제공하는 방식이다. 일회성 사업이 아니라, 지역 기업이 성장할 수 있는 안정적인 시장을 만들어야 청년 고급 일자리가 유지된다.

셋째, 초광역 창업·스케일업 펀드와 실증 특구를 결합한 성장 사다리 구축이다. 창업이 '한 번 해보는 선택'이 아니라, 실패해도 다시 도전하고 중견기업으로 성장할 수 있는 구조가 만들어질 때, 청년의 진로 선택지는 넓어진다.

무엇보다 중요한 것은, 이 모든 전략이 광주와 전남을 따로 놓고는 불가능하다는 사실이다. 산업은 전남에 있고, 인재와 연구 인프라는 광주에 집중돼 있으며, 생활·문화 인프라는 다시 광주로 쏠려 있다. 이 세 요소가 하나의 정책 프레임 안에서 결합될 때 비로소 '공기업·공무원 말고도 선택 가능한 진로'가 지역 안에 생긴다.

FGI에서 한 참여자는 마지막에 이렇게 말했다.

"여기서도 잘 살 수 있다는 그림이 보이면 굳이 나가고 싶지 않아요. 근데 그 그림이 잘 안 보여요."

청년이 떠나는 이유는 지역이 싫어서가 아니라, 미래를 설계할 경로가 보이지 않기 때문이다. 그래서 청년 정책은 장학금이나 주거 지원만으로 완성되지 않는다. 산업 구조와 경력 경로를 동시에 바꾸는 경제 정책이어야 한다.

광주·전남 통합이 진짜 의미를 가지려면, 행정 통합의 상징이 아니라 청년의 진로 선택지를 넓히는 구조 전환으로 증명돼야 한다. 공기업 시험 준비와 수도권 이동 사이에서 고민하는 청년에게, "여기에도 길이 있다"는 현실적인 선택지를 만들어 주는 것. 그것이 지금 이 지역이 가장 먼저 풀어야 할 경제 과제다.

전남의 청년을 광주로 이동하고, 광주의 청년은 수도권으로 이동하는 악순환을 정치적 구호로만으로는 해결 불가하다. 광주전남행정통합이 이뤄질 경우 양 시도 지차체 간의 불필요한 경쟁을 일소하고 인구 320만의 지혜와 정책 비전을 갖고 양질의 일자리를 만들어 이 지역에서도 충분히 일상을 영위하고 피해의식 없이 당당한 삶을 영위하도록 통합시는 철저히 준비해야 한다.

"떠나는 게 '선택'이 아니라 '코스'가 됐다"

청년이 지역을 떠나는 일은 늘 있어 왔다. 그러나 지금 광주와 전남에서 벌어지는 현상은 '개별 선택의 집합'이라기보다, 삶의 경로가 미리 짜여 있는 구조에 가깝다. 대학을 졸업하고, 취업을 준비하고, 경력을 쌓아가는 과정이 자연스럽게 수도권을 향하도록 설계된 흐름 속에서, 지역을 떠나는 일은 더 이상 모험이 아니라 정해진 코스가 된다.

이 구조는 통계로도 확인된다. 통계청 자료를 바탕으로 한 지역 언론 분석에 따르면 광주는 2004년부터 2024년까지 20년 동안 청년층(20~34세) 순유출이 약 10만6천 명에 달한다. 전남 역시 청년 인구의 순유출 비율이 장기간 누적되며, 일부 군 단위 지역에서는 청년 인구 감소율이 두 자릿수를 기록하고 있다. 이는 특정 시기의 경기 변동이 아니라, 장기적·구조적 이동 패턴이 고착화됐음을 의미한다.

왜 떠나는가. 원인은 복합적이지만, 우선순위는 분명하다. 한국경제인협회가 2026년 1월 비수도권 시·군 지자체를 대상으로 실시한 조사에서, 지자체들은 지방소멸의 가장 큰 원인으로 산업·일자리 부족(44.2%)을 꼽았다. 이어 주거환경, 의료·돌봄, 교육 순이었다. 다시 말해, 청년이 떠나는 이유는 단순히 임금 수준 때문만이 아니라, 직무 다양성과 경력 이동 가능성, 산업 생태계의 두께가 부족하기 때문이다.

광주와 전남의 경우 이 문제가 더욱 구조적으로 작동한다. 대학과 공공기관은 존재하지만, 민간 산업 영역에서 연속적인 커리어 경로를 만들 수 있는 기업층이 얇다. 첫 직장은 구할 수 있어도, 두 번째·세 번째 선택지가 지역 안에서 이어지지 않는 순간, 이동은 불가피해진다. 이 과정에서 "한 번은 나가야 한다"는 인식이 세대 전반에 공유되고, 청년 유출은 다시 지역 소비·산업 축소로 이어지며 악순환을 만든다.

그렇다면 되돌아오는 경우는 언제 가능한가. 최근 전남 일부 지자체가 추진하는 정책은 중요한 시사점을 준다. 전남도는 청년부부 결혼축하금, 주거비 지원, 귀향 청년 창업 지원 등 정착 초기 비용을 낮추는 정책 패키지를 운영해 왔다. 보성군, 해남군 등은 주거·일자리·교육·돌봄을 묶은 종합 청년 정책을 편성하며 '잠깐 머무는 지원'이 아니라 '생활권 정착'을 목표로 설정하고 있다. 이들 지역에서 공통적으로 강조하는 점은, 단일 보조금이 아니라 일자리-주거-생활 인프라를 동시에 묶어야 재정착이 가능하다는 현실 인식이다.

광주 역시 청년일경험드림, 지역 기업 연계 인턴십, 청년 창업 지원 프로그램 등을 통해 청년정책을 꾸준히 확대해 왔다. 다만 개별 사업 성과와 달리, 지역 전체의 고용 구조가 바뀌었다고 말하기에는 아직 한계가 있다. 결국 관건은 지원정책의 규모가 아니라, 산업 구조가 바뀌고 있느냐는 질문이다. 청년이 남는 이유는 복지 때문이 아니라, '여기서도 커리어가 이어진다'는 확신 때문이다.

이 지점에서 광주·전남 통합 논의가 갖는 정책적 의미는 결코 작지 않다. 통합이 단순한 행정구역 개편에 그친다면 청년 문제는 달라지지 않는다. 그러나 통합이 하나의 노동시장, 하나의 산업 전략, 하나의 생활권을 설계하는 계기가 된다면, 이야기는 달라진다. 광주의 대학·연구·문화 인프라와 전남의 에너지·해양·농수산·관광 산업 기반을 하나의 성장축으로 묶을 경우, 기업 유치와 창업, 전문 직무의 다양성은 지금과 다른 차원으로 확장될 수 있다.

이를 위해 필요한 조건은 명확하다. 첫째, 광역 단위 청년 커리어 연계 시스템 구축이다. 도시 기업과 농어촌 산업 현장을 하나의 실습-취업-이직 네트워크로 묶어, 지역 내 이동만으로도 경력이 축적되도록 해야 한다. 둘째, 대학·전문연구기관·기업이 공동으로 참여하는 상시형 실증·사업화 플랫폼이 필요하다. 연구는 있지만 산업으로 이어지지 않는 구조를 끊지 못하면, 인재는 계속 빠져나간다. 셋째, 정주 지원 정책을 복지 영역이 아니라 산업 유지 전략으로 전환해야 한다. 주거·돌봄·문화는 청년의 생활비를 낮추는 장치이지만, 목표는 어디까지나 노동시장에 사람이 남도록 만드는 데 있어야 한다.

이러한 구조적 분석을 다시 생활 언어로 확인시켜 주는 것이, 이번 광주시정 인식조사 FGI에서 드러난 청년들의 목소리다. 조사 참여자들은 "광주에서는 공기업이나 공무원 말고 뚜렷한 진로가 안 보인다", "친구들 대부분이 취업 준비하면서 서울 갈 준비부터 한다", "남아 있으면 커리어가 멈출 것 같아서 불안하다"는 표현을 반복했다. 또 다른 참여자는 "광주에서 시작은 할 수 있는데, 계속 성장할 수 있을지는 모르겠다"고 말했다. 이 말은 단순한 취업 불안이 아니라, 장기 경력 경로가 지역 안에 보이지 않는다는 구조적 체감을 그대로 보여준다.

중요한 점은, 이 인식이 일부 청년의 불만이 아니라 집단적 상식처럼 공유되고 있다는 사실이다. '떠난다'가 아니라 '떠나야 한다'는 표현이 자연스럽게 쓰이는 순간, 지역의 정책은 단순한 청년 지원을 넘어 도시의 성장 모델 자체를 다시 짜야 하는 단계로 넘어간다.

그래서 광주·전남 통합은 정치적 구호가 아니라, 청년 유출 구조를 끊기 위한 정책 도구가 되어야 한다. 통합을 통해 산업 전략, 인재 양성, 기업 유치, 정주 정책이 하나의 설계도 위에서 움직이지 않는다면, 지금의 분절된 정책 구조는 그대로 유지될 뿐이다. 청년에게 중요한 것은 행정구역이 아니라, 선택 가능한 삶의 경로가 지역 안에 존재하느냐는 질문이다.

청년이 떠나는 것은 지역에 대한 애정이 부족해서가 아니다. 남을 수 있는 조건이 충분히 마련되지 않았기 때문이다. 지금 필요한 것은 "왜 떠나느냐"를 묻는 것이 아니라, "어떻게 남을 수 있게 만들 것인가"를 구조적으로 설계하는 일이다. 광주·전남이 하나의 생활권과 산업권으로 재편될 수 있다면, 청년 유출은 숙명이 아니라 정책으로 바꿀 수 있는 변수가 된다. 그리고 그 변화는, 더 이상 늦출 수 없는 지역의 생존 과제가 되고 있다.

청년의 목소리가
제도가 될 때, 도시가 바뀐다

2026년 1월 10일, 광주 북구(갑) 을지로위원회(을 지키는 민생실천위원회) 출범식에서 나온 발언들은 '청년정책'이라는 말보다 구체적인 삶의 언어에 가까웠다. 광주 청년 직업·재무 트레이닝 센터의 한 상담사는 상담실에서 만난 청년들을 이렇게 설명했다. 가정의 경제적 부담을 떠안고 사회생활을 시작한 청년, 계약직과 불안정 일자리를 오가며 소득 변동을 반복한 청년, 질병으로 일을 멈출 수밖에 없었던 청년이 같은 질문을 반복한다는 것이다. 청년부채는 단일 원인으로 설명되지 않으며, 위기가 오기 전까지는 개인의 문제로 숨겨졌다가 연체와 신용 붕괴 이후에야 사회문제로 드러나는 구조를 갖는다.

지역 극단을 운영하는 청년 예술인의 발언도 비슷한 맥락을 보여준다. 계약서 작성이 드문 현장, 사례비가 명확하지 않은 상태에서 시작되는 일, 프리랜서라는 이유로 문제 제기를 삼키는 관행이 반복된다. 국가가 운영하는 공연장 대관 중 조명 장비 문제가 발생했음에도, 개선보다 민원 제기자를 찾는 분위기를 먼저 경험했다는 사례는 노동권과 안전, 지역 문화 기반이 서로 분리돼 있지 않다는 점을 보여준다.

이런 사례들은 청년문제를 '청년을 돕는 정책'이라는 범주로만 다룰 경우 구조적 한계에 부딪힌다는 점을 시사한다. 필요한 것은 참여 기회를 늘리는 수준을 넘어, 도시 운영의 기준을 청년의 생활 조건에 맞춰 재배치하는 방식이다. 을지로위원회의 의미는 여기에서 나타난다. 을지로위원회는 누군가를 대신해 말하는 조직이라기보다, 개별적인 피해 경험을 사회적 의제로 전환하고 기업·정부·이해당사자를 같은 테이블에 앉히는 방식으로 제도와 관행을 조정해 왔다.

최근 사례를 보면 이러한 흐름이 확인된다. 2025년 2월 국회에서 쿠팡과 소상공인·민생단체가 상생협약을 체결하고, 배달앱 사회적 대화기구가 출범했다는 보도는 대기업, 현장, 정치가 협상 구조를 만들 경우 제도 변화가 가능하다는 점을 보여준다. 이어 2025년 6월에는 배달플랫폼 기업, 입점업체,

라이더, 소비자, 전문가가 참여하는 상설 협의체가 구성돼 수수료, 광고 구조, 배달 조건 등을 논의하는 구조가 만들어졌다. 2025년 하반기에는 자동차보험 수리비와 관련해 정비업계에 적용되던 불리한 요율 체계가 조정되며 현장의 부담이 일부 완화됐다는 보도도 이어졌다. 이런 흐름은 민원 처리 차원이 아니라, 현장의 불균형을 조정하는 정치가 가능하다는 점을 보여준다.

이런 접근 방식은 북구의 청년 문제에도 적용될 수 있다. 첫째, 청년부채 문제는 상담과 교육에서 끝나는 사안이 아니라 지역의 구조 문제로 인식될 필요가 있다. 상담 현장에서 반복되는 원인, 즉 불안정 고용, 주거비 부담, 질병과 돌봄 공백, 금융 접근성 부족은 개인의 관리 문제로만 볼 수 없다. 이 데이터를 익명화해 축적하고, 고용·주거·복지·교육 정책과 연동하는 구조가 필요하다. 연체 이후의 사후 지원이 아니라 연체 이전 단계에서 개입하는 조기 개입 체계가 정책 목표가 된다.

둘째, 지역 진로 선택지가 공기업·공무원 중심으로 인식되는 구조 역시 노동시장 자체의 문제로 볼 필요가 있다. 북구에는 대학, 연구기관, 공공기관, 산업단지가 근거리 생활권 안에 위치해 있다. 이 장점을 활용하면 단기 인턴이나 일회성 프로그램이 아니라 기업 과제 기반 장기 프로젝트, 현장형 직무교육, 채용·창업·프리랜서 계약으로 이어지는 경력 경로를 설계할 수 있다. 청년이 지역을 떠나는 이유는 단순히 일자리 수가 적어서가 아니라, 경력의 첫 단계와 다음 단계가 동시에 보이지 않기 때문이다.

셋째, 청년 예술인의 사례에서 드러난 문제는 문화정책의 질과도 직결된다. 표준계약서 사용, 사례비 사전 고지, 안전점검, 사고 대응 프로토콜은 선택이 아니라 최소 기준이다. 공공이 운영하거나 지원하는 시설일수록 이러한 기준이 먼저 적용돼야 한다. 문제 제기가 곧 불이익으로 이어질 수 있다는 인식이 유지되는 한, 지역에서 창작을 직업으로 지속하기는 어렵다.

넷째, 을지로위원회의 방식은 청년 의제를 다루는 협상 구조에도 적용 가능하다. 청년 부채, 주거, 노동, 문화예술, 플랫폼 노동 문제를 분리하지 않고 하나의 생활 조건 묶음으로 다루는 협의체가 필요하다. 지자체, 대학, 금융기관, 플랫폼 기업, 지역 기업, 시민단체가 참여하고, 청년은 정책 대상이 아니라 참여 주체로 들어가는 구조가 된다. 다만 상징적 참여가 아니라 상담실, 작업실, 아르바이트 현장에서 발생하는 문제를 정책 의제화하고 제도 개선까지 연결하는 구조가 핵심이다.

결국 청년의 목소리를 대신하는 정치는 지속되기 어렵다. 필요한 것은 청년이 말한 문제가 계약, 제도, 예산, 운영 기준으로 전환되는 구조다. 최근 을지로위원회가 상생협약과 사회적 대화기구를 통해 협상 구조를 만들고 실행을 압박하는 경험을 축적해 왔다는 점은, 지역 청년 의제를 제도 변화로 연결할 수 있는 현실적 경로를 보여준다.

출범식에서 나온 "우리가 스스로 우리 목소리를 직접 얘기한다"는 말은 상징적 목소리가 아니라 정책 구조의 전환을 요구하는 호소에 가깝다. 질문 역시 달라질 필요가 있다. 청년에게 무엇을 해줄 것인가가 아니라, 도시의 무엇을 청년의 생활 조건에 맞게 다시 설계할 것인가가 정책의 중심 질문이 된다. 이러한 전환이 지역 정치와 행정의 실제 의제로 자리잡을 때, 청년 문제는 복지 항목이 아니라 도시 구조의 문제로 다뤄지게 된다.

"다음 단계가 보이지 않는다"

— 광주·전남을 하나의 일터로 바라봐야 하는 이유

최근 진행된 광주 청년 대상 초점집단면접(FGI)에서는 취업 여부보다, 그 다음에 무엇을 하게 될지에 대한 고민이 더 자주 등장했다. 질문은 단순했다. "지금 하고 있는 일이 앞으로의 진로에 도움이 된다고 느끼는가." 돌아온 답변은 "그렇다"와 "아니다" 사이에서 망설이는 경우가 많았다.

한 참여자는 "일은 익숙해졌지만, 이 경험이 다음 직장으로 옮길 때 어떤 의미가 있을지는 잘 모르겠다"고 말했다. 또 다른 참여자는 "이직을 해도 다시 처음부터 배우는 느낌이라, 올라간다기보다 제자리에서 도는 기분이 든다"고 했다. 일자리가 없어서라기보다, 경험이 쌓인다는 감각을 갖기 어렵다는 이야기였다.

“앞으로 5년 안에 지역 안에서 더 나은 자리로 옮길 수 있을 것 같나”라는 질문에는 보다 솔직한 답이 나왔다.

“업종을 바꾸지 않으면 단계가 더 있을 것 같지 않다.”

“전문성을 키우려면 결국 다른 지역으로 가야 한다는 얘기를 듣는다.”

“회사가 작아서 배울 건 금방 배우는데, 그 다음이 없다.”

이 말들은 개인의 의지보다 선택할 수 있는 길이 많지 않다는 현실을 보여준다.

“지역을 떠난 지인들이 다시 돌아올 가능성이 있다고 보느냐”는 질문에는 이렇게 답했다.

“결혼이나 부모 문제면 돌아올 수 있을 것 같다.”

“일 때문에 돌아온 경우는 거의 못 봤다.”

돌아오는 이유가 일보다 가족에 가까운 셈이다.

이런 응답들을 모아 보면, 문제는 취업 이전보다 취업 이후에 더 많이 쌓여 있다. 처음 일자리를 얻는 것보다, 그 다음으로 옮겨갈 수 있는 흐름이 잘 보이지 않는다. 기업 규모가 작고 산업이 흩어져 있다 보니, 한 번 선택한 자리를 벗어나기가 쉽지 않다. 개인이 모험을 감수하기엔 위험이 크고, 다시 시작할 기회도 많지 않다.

최근 3년 동안 광주와 전남은 각자 산업 전환을 중요한 과제로 삼아 왔다. 광주는 인공지능, 모빌리티, 문화콘텐츠를 중심으로 기업 유치와 실증 사업을 늘려 왔고, 전남은 이차전지, 해상풍력, 농식품 가공 분야에서 생산 기반을 넓혀 왔다. 방향은 비슷하지만, 사람의 이동과 경력의 흐름은 여전히 행정 경계에 막혀 있다. 교육은 도시에서, 일은 외곽 산업단지에서, 주거는 또 다른 지역에서 이뤄지는 경우가 많다.

이 지점에서 광주·전남 통합 논의는 행정 효율보다 일하고 배우는 생활권을 넓히는 문제로 바라볼 필요가 있다. 광주에서 공부하고 첫 경력을 쌓은 뒤, 전남 산업 현장에서 경험을 쌓고, 다시 도시로 돌아와 기획이나 연구, 창업으로 이어지는 길이 자연스럽게 연결된다면 선택지는 훨씬 넓어진다. 지금은 이런 이동이 개인의 결단에 맡겨져 있지만, 권역 차원에서 뒷받침된다면 부담도 줄어들 수 있다.

이를 위해서는 몇 가지 현실적인 연결이 필요하다. 예를 들어 대학과 지역 기업이 함께 운영하는 장기 프로젝트형 채용, 일정 기간 산업 현장을 경험한 뒤 다른 부서나 기관으로 옮길 수 있는 순환 근무, 광주 인재 양성 과정과 전남 산업 현장을 묶은 연계 프로그램 같은 방식이다. 중요한 것은 한 직장에 오래 머무는 것이 아니라, 지역 안에서 경험을 옮겨

다닐 수 있는 여지를 넓히는 일이다.

생활 여건도 함께 고려돼야 한다. 산업단지와 대학, 주거지를 오가는 데 시간이 오래 걸리고 비용이 많이 들면, 아무리 좋은 기회가 있어도 선택하기 어렵다. 최근 논의되는 광역 교통망, 통합 정기권, 권역 공공기숙사 같은 정책은 단순한 복지 차원을 넘어, 실제 이동을 가능하게 하는 조건이 된다.

FGI에서 마지막으로 던진 질문은 "지역 정책이 개인의 진로 선택에 영향을 준다고 느낀 적이 있느냐"였다. 답은 조심스러웠다.

"정책이 있다는 건 알지만, 내 결정과 직접 연결된 적은 없다."

"공고를 보고 지원한 적은 있지만, 그 이후까지 이어진 느낌은 아니었다."

정책이 존재해도, 개인의 시간표와 잘 맞물리지 않는다는 뜻이다.

그래서 앞으로의 과제는 새로운 사업을 계속 늘리는 것보다, 한 사람이 몇 년에 걸쳐 어떻게 이동하고 성장할지를 함께 바라보는 방식에 가깝다. 교육과 취업, 이직과 전환이 같은 지역 안에서 자연스럽게 이어질 수 있다면, 떠나는 선택만이 유일한 답이 되지는 않는다.

광주·전남 통합은 이런 흐름을 가능하게 할 조건을 넓혀 주는 일에 가깝다. 행정 경계를 넘으면, 산업과 교육, 주거와 교통을 함께 이야기할 수 있는 범위가 넓어진다. 그 범위를 어떻게 쓰느냐에 따라 통합의 의미도 달라질 것이다.

FGI 참여자 중 한 명은 이렇게 말했다.

“여기를 떠나고 싶어서 가는 건 아니다. 다만 여기서 앞으로 무엇을 하게 될지는 잘 모르겠다.”

이 말은 청년 정책이 마음가짐보다 앞으로의 길을 얼마나 그려볼 수 있게 하느냐와 더 관련돼 있음을 보여준다. 몇 년 뒤의 자리를 상상할 수 있을 때, 지금의 선택도 달라진다. 광주와 전남을 하나의 일터로 바라보는 시도는, 그 질문에 대한 현실적인 답을 찾는 과정일 수 있다.

광주에서 문화·콘텐츠 산업 일자리를 이야기하면 늘 두 가지 말이 함께 나온다. “시설은 많다”는 말과 “일자리는 잘 안 보인다”는 말이다. 2025년 광주 인식조사(FGI)에서도 비슷한 인식이 반복됐다. 참여자들은 문화도시라는 이름, 전시와 공연, 각종 행사와 공간은 떠올리지만, 정작 “그 안에서 내가 어떤 직업을 갖고 얼마나 오래 일할 수 있는지는 잘 그려지지 않는다”고 말했다. 한 참여자는 “프로젝트가 끝나면 다시 제자리로 돌아오는 느낌”이라고 표현했고, 또 다른 참여자는 "다음 계약이 언제 올지 몰라 계속 다른 일을 병행해야 한다"고 말했다. 문화·콘텐츠 산업이 '일'이라기보다 '기회가 있을 때 잠깐 참여하는 활동'처럼 느껴진다는 인식이다.

이런 체감은 통계에서도 완전히 빗나가 있지는 않다. 2025년 기준 광주 지역 고용 지표를 보면 취업자 수가 전년 대비 감소했고, 특히 청년층에서 정규직 비중은 줄고 단기·불안정 일자리가 늘어났다는 분석이 이어졌다. 콘텐츠 산업 전체로 보면 전국 단위에서는 성장 산업으로 분류되지만, 지역 단위로 내려오면 그 성장의 열매가 고르게 퍼지지 않는 구조가 반복되고 있다. 지역에서 콘텐츠 관련 전공을 하고, 지역에서 인턴이나 단기 프로젝트를 경험해도, 일정 시간이 지나면 수도권으로 이동하거나 전혀 다른 업종으로 진로를 바꾸는 사례가 적지 않다. '처음 발을 디디는 기회'는 있어도 '다음 단계로 이어지는 경로'가 약하다는 평가가 그래서 나온다.

물론 지역에서도 가만히 있는 것은 아니다. 최근 몇 년 사이 광주에는 수도권 기반 콘텐츠 제작 기업들이 자회사나 스튜디오 형태로 들어오면서 지역 채용 계획을 내놓았고, 정보문화산업진흥원 같은 기관을 중심으로 게임, 영상, 디지털 콘텐츠 제작을 지원하는 사업도 꾸준히 진행돼 왔다. 해외 전시 참가, 투자유치 프로그램, 기술 제작 지원 같은 정책도 이어지고 있다. 전남 역시 지역 문화자원을 활용한 콘텐츠 개발 사업과 관광 연계 프로그램을 통해 기업과 창작자 참여를 유도해 왔다. 이 흐름만 보면 지역이 콘텐츠 산업을 포기하고 있다고 말하기는 어렵다.

그럼에도 청년들의 평가는 조심스럽다. "기회는 있지만 길은 잘 안 보인다"는 말이 자주 나온다. 기업 지원과 프로젝트 공모는 늘어나지만, 그 이후에 고용이 얼마나 유지되는지, 경험이 어떻게 다음 일로 이어지는지에 대한 체감은 낮다는 것이다. 특히 프리랜서 비중이 높은 공연·영상·전시 분야에서는 계약 조건과 보상 체계가 명확하지 않은 경우도 적지 않아, '열정'이라는 이름 아래 불안정한 노동이 반복된다는 지적도 이어진다. 이런 환경에서는 창작 의욕보다 생계 불안이 먼저 떠오르게 되고, 장기적인 직업으로 상상하기가 점점 어려워진다.

이 과정에서 나타나는 부작용도 있다. 지역에서 쌓은 경험이 경력으로 충분히 인정받지 못한다고 느끼는 순간, 청년들은 더 넓은 시장을 찾아 이동하게 된다. 떠난 뒤에도 다시 돌아오고 싶다는 마음은 남아 있지만, 돌아와서 같은 불안을 반복할 수는 없다는 판단이 앞선다. 그래서 '언젠가는 돌아오고 싶다'는 말과 '지금은 나가야 한다'는 말이 동시에 존재한다. 지역이 청년을 붙잡지 못하는 것이 아니라, 청년이 지역을 떠날 수밖에 없는 조건이 지속되고 있다는 쪽이 더 정확한 표현일지도 모른다.

이런 현실을 지역사회가 전혀 모르고 있는 것도 아니다. 최근 3년 동안 광주·전남에서 진행된 문화콘텐츠 관련 정책은 단순한 행사 지원을 넘어서 기업 육성, 인력 양성, 해외 진출, 투자 연계까지 범위를 넓혀 왔다. 하지만 정책이 산업 생태계로 이어지기 위해서는 '사업 단위 성과'보다 '사람의 경력 흐름'이 함께 보완돼야 한다는 지적이 늘고 있다. 교육 → 현장 경험 → 고용 유지 → 전문 인력 성장이라는 흐름이 만들어지지 않으면, 아무리 많은 사업이 있어도 개인의 삶에서는 단절된 점으로 남기 때문이다.

그래서 지역 청년들과 현장 실무자들이 바라는 변화는 의외로 단순하다. 첫째, 일정 기간 이상 일할 수 있는 일자리의 비중이 늘어나길 바란다. 둘째, 지역에서 쌓은 경력이 다른 프로젝트와 기업으로 자연스럽게 이어지길 바란다. 셋째, 공공 지원 사업이 끝나도 다음 단계로 넘어갈 수 있는 연결 통로가 마련되길 바란다. 이것이 갖춰지면 문화·콘텐츠 산업은 더 이상 '불안정한 선택지'가 아니라 '도전해 볼 만한 직업군'으로 인식될 수 있다.

지역사회 평가도 이런 방향과 크게 다르지 않다. 문화도시라는 이름에 걸맞게 시설과 행사가 늘어났지만, 이제는 그 안에서 일하는 사람의 삶이 함께 좋아지고 있는지를 묻는 단계로 넘어가야 한다는 목소리가 커지고 있다. 콘텐츠 산업이 도시의 이미지를 만드는 데 그치지 않고, 청년의 생활과 연결되는 산업이 되지 않으면, 문화정책은 결국 소비 중심 구조에 머물게 된다.

광주 인식조사에서 '문화·콘텐츠 산업 일자리 미흡'이라는 진단이 나온 이유는, 단순히 일자리가 적어서라기보다, 미래를 상상하기 어려운 형태의 일이 많기 때문일 가능성이 크다. 청년들은 이미 도시의 문화적 자산을 자랑스러워하고 있다. 다만 그 자산이 자신의 삶과 어떻게 이어질 수 있는지에 대한 답을 아직 충분히 듣지 못하고 있을 뿐이다.

문화도시는 공간과 프로그램으로 완성되지 않는다. 그 안에서 일하는 사람들이 머무를 수 있을 때 비로소 도시가 된다. 청년들이 지역을 떠나지 않아도 되는 이유를 만들어 가는 일, 그것이 지금 광주·전남 문화콘텐츠 정책이 넘어야 할 다음 과제다.

왜 광주에서 창업하면 떠나게 될까

— 청년과 기업이 함께 자라지 못하는 이유

광주에서 창업과 일자리를 이야기할 때, 많은 시민들은 비슷한 말을 한다. "회사를 만들어도 오래 버티기 어렵다", "일할 만한 회사가 많지 않다", "결국 서울이나 수도권으로 가게 된다"는 이야기다. 이런 말은 단순한 불평이 아니라, 지역에서 실제로 겪는 경험에서 나온다.

먼저, 광주에 남아 커리어를 쌓기 어렵다는 인식이 강하다. 대학을 졸업하고 취업을 준비하는 청년들은 선택지가 많지 않다고 느낀다. 공공기관이나 공무원이 아니면 안정적인 경로를 찾기 힘들고, 스타트업이나 중소기업은 오래 다닐 수 있을지 확신하기 어렵다고 말한다. 그래서 "여기에 계속 남아 있을 회사가 보이지 않는다"는 표현도 나온다. 이 말은 단지 회사 숫자가 적다는 뜻이 아니라, 한 직장에서 경험을 쌓고 다음 단계로 성장할 수 있는 길이 잘 보이지 않는다는 의미에 가깝다.

두 번째로, 회사를 시작해도 '돈을 버는 단계'로 가기까지가 너무 멀다는 점이 자주 언급된다. 광주에는 창업 공간, 장비, 교육 프로그램이 적지 않다. 하지만 이런 지원이 실제 고객을 찾고 매출을 만드는 데까지 이어지지 못하는 경우가 많다. 지원사업은 잘 받았는데, 그 다음에 무엇을 해야 할지 막막해지는 것이다. 그래서 "시설은 많은데, 그걸로 어떻게 사업을 키우는지 모르겠다"는 말도 나온다. 결국 사업이 커지기 전에 포기하거나, 다른 지역으로 옮기는 일이 반복된다.

세 번째 문제는 사람을 구하기 어렵다는 점이다. 스타트업이나 작은 기업에서 가장 필요한 건 함께 일할 사람인데, 개발자나 기획자 같은 인력이 지역에 오래 남지 않는다는 하소연이 많다. 어렵게 채용해도 몇 년 안에 다른 지역으로 옮기는 경우가 잦다. 이유는 분명하다. 더 큰 프로젝트, 더 많은 경험, 더 나은 보상을 기대할 수 있는 곳이 대부분 수도권에 몰려 있기 때문이다. 이러다 보니 회사도, 사람도 동시에 성장하기 어려운 구조가 만들어진다.

네 번째는 지역 안에서만 도는 사업 구조다. 공공기관과의 사업은 일정 부분 도움이 되지만, 대부분 단기간 과제 형태로 끝난다. 한 번 하고 끝나는 일은 많아도, 계속 이어지는 거래는 적다. 민간 기업과의 큰 계약이나, 다른 지역과 연결되는 사업이 많지 않다 보니, 매출이 안정적으로 늘기 힘들다. 그래서 "지원사업은 많은데, 실제 시장은 작다"는 말이 나온다.

그렇다고 해서 희망이 없는 것은 아니다. 광주에는 대학과 연구기관, 공공데이터, 산업단지가 모여 있다. 이런 자원은 잘만 연결되면 새로운 사업이 나올 수 있는 재료가 된다. 문제는 이 자원이 자연스럽게 기업으로 이어지지 않는다는 점이다. 연구는 연구로 끝나고, 데이터는 데이터로 남고, 사업으로 이어지는 경우는 많지 않다. 그래서 필요한 것은 단순한 아이디어 공모가 아니라, 실제로 써볼 수 있는 현장과, 그 결과를 바로 사줄 수 있는 수요처다.

예를 들어, 시나 공공기관이 지역 기업의 기술을 시험해 보고, 성과가 있으면 계속 구매하는 방식이 있다면 기업은 안정적으로 성장할 수 있다. 또 광주와 전남이 함께 실증 공간을 만들고, 농업·에너지·의료·교통 같은 분야에서 지역 기업이 먼저 적용해 볼 수 있다면, 굳이 수도권으로 가지 않아도 경험을 쌓을 수 있다. 이런 경험이 쌓이면, 외부 투자도 들어올 가능성이 커진다.

지금까지의 정책은 '시작하는 데 도움을 주는 단계'에는 비교적 집중돼 있었다. 공간 제공, 교육, 시제품 제작 같은 지원은 많았다. 하지만 '계속 커지는 단계'까지 책임지는 정책은 상대적으로 약했다. 그래서 현장에서는 "처음은 도와주는데, 그 다음이 없다"는 말이 나온다. 기업 입장에서는 가장 힘든 구간이 바로 그 다음 단계인데, 이 부분이 비어 있는 셈이다.

결국 광주의 스타트업 문제가 단순히 예산이나 프로그램 부족 때문만은 아니다. 사람이 머물 수 있는 일자리, 회사가 커질 수 있는 시장, 지역 안에서 이어지는 경력의 길이 함께 만들어지지 않으면, 아무리 많은 지원사업이 있어도 체감은 달라지기 어렵다. 그래서 많은 시민들이 느끼는 답답함은 "왜 안 되느냐"보다 "왜 계속 같은 자리냐"에 가깝다.

앞으로 필요한 것은 창업 숫자를 늘리는 정책보다, 남아서 버티고 성장하는 기업을 늘리는 방향이다. 한 기업이 오래 살아남아 사람을 뽑고, 그 사람이 다시 다른 기업으로 이동하며 경험을 나누는 흐름이 만들어질 때, 지역의 일자리와 경제도 함께 움직이기 시작한다. 광주와 전남이 함께 움직이는 정책이 중요한 이유도 여기에 있다. 생활권과 산업권이 이미 연결돼 있는 만큼, 시장과 인재를 더 넓게 묶어야 기업도 숨 쉴 공간이 생긴다.

스타트업 생태계를 다시 본다는 것은, 새로운 건물을 짓거나 행사를 늘리는 일이 아니다. 청년이 이곳에서 일해도 괜찮겠다고 느끼는가, 회사를 만든 사람이 몇 년 뒤에도 여기서 사업을 계속하고 있는가를 묻는 일이다. 이 질문에 답이 달라질 때, 광주의 창업 이야기도 조금씩 달라질 수 있다. 창업의 숫자만을 집계내는 방식으로 실적을 통계내는데 급급한 종전의 행정 관습만으로는 이 문제를 돌파할 수 없다.

"왜 우리 동네에선 창업이 오래 못 가나"

광주 인식조사에서 "청년이 창업을 해도 몇 년 못 버틴다", "지원사업이 끝나면 문을 닫는 것 같다", "공기업·공무원 말고는 뚜렷한 길이 보이지 않는다" 같은 말이 반복해서 모였다. 체감은 '창업→생존→성장'의 사다리 중에서 특히 '생존' 구간이 짧다는 쪽으로 기운다. 다만 이 체감이 곧바로 "광주·전남의 생존율이 전국 최하"라는 뜻으로 이어지는지는 숫자를 한 번 확인해 볼 필요가 있다.

통계청 기업생멸 행정통계(2023년 기준)에서 신생기업 생존율을 보면, 광주는 3년 45.2%·5년 36.6%, 전남은 3년 49.0%·5년 36.7%로 제시된다. 같은 자료에서 비교 대상으로 많이 거론되는 곳을 함께 놓으면, 경기는 3년 46.3%·5

년 36.4%, 부산은 3년 44.2%·5년 35.7%, 울산은 3년 43.7%·5년 33.1%, 경남은 3년 45.1%·5년 35.3%, 충남은 3년 47.5%·5년 37.0%, 대전은 3년 44.9%·5년 35.6%로 읽힌다.

이 숫자만 보면 광주·전남이 유난히 뒤처진다고 단정하기 어렵다. 오히려 전남의 3년 생존율은 비교군보다 높게 잡힌다. 그럼에도 "못 버틴다"는 말이 남는 이유는, '생존율' 자체보다 생존의 질에서 체감 격차가 생기기 때문인 경우가 많다.

첫째, '버틴다'가 '자란다'로 이어지지 않는 구간이 길다. 같은 통계에서 6~7년으로 갈수록 지역별 차이가 다시 눈에 띈다. 광주의 6년 생존율은 28.6%, 7년은 22.8%로 제시되는데, 전국 평균(6년 31.3%, 7년 25.4%)보다 낮게 읽힌다. 창업 초반 1~3년은 지원사업·프로젝트·단기 용역으로 "일단 굴러가게" 만들 수 있지만, 5년을 넘어 고정 고객·반복 매출·핵심 인력이 없으면 급격히 흔들린다. 청년들이 말하는 "몇 년 못 버틴다"는 감각은 이 구간의 경험에서 만들어지기 쉽다.

둘째, 지역 시장의 '첫 고객'이 약하다. 창업기업이 오래 가려면 투자보다 먼저 "정기적으로 사주는 고객"이 필요하다. 광주에서 공공조달·지역 대기업/중견기업·대학병원·공공기관이 '첫 구매자'로 붙지 못하면, 스타트업은 수도권으로

영업을 다니거나 아예 본사를 옮긴다. 그러면 지역엔 "창업은 했는데 결국 떠났다"만 남는다. 생존율 통계에는 남아도, 지역 청년의 기억에는 '유출'로 저장된다.

셋째, 지원체계가 '창업'에 몰리고 '운영'에는 얇다. 인식조사에서 자주 나오는 불만이 "사업계획서 쓸 때만 사람이 몰린다"는 식의 이야기다. 실제로 창업 초기 프로그램은 많지만, 24~60개월 구간에서 필요한 건 매출관리, 채권·현금흐름, 계약·노무, 해외판로, 특허·인증, 그리고 무엇보다 사람(개발·세일즈·콘텐츠)인데 이 단계의 지원은 촘촘하지 못하다는 평가가 잦다. 그 결과 '빚'과 '불안정 고용'이 개인의 몫으로 남고, 결국 폐업이 뒤늦게 사회문제가 된다.

여기서 광주·전남 통합 논의는 "행정구역을 합친다"가 아니라, 청년창업의 생존을 좌우하는 생활·시장·인재 흐름을 하나로 묶는 장치로 접근할 필요가 있다. 통합시가 할 수 있는 일은 꽤 구체적이다.

예를 들면, 광주(도심 수요·대학·병원·공공기관)와 전남(산단·농수산·관광·에너지·실증부지)을 연결해 '광주-전남 공동 첫고객(First Buyer) 제도'를 만들 수 있다. 공공조달을 단순 가점이 아니라 "연 1회 시범구매" 같은 방식으로 설계하고, 성과는 '지원금 집행'이 아니라 반복구매·장기계약·고용유지로 평가한다. 또 광주 도심에만 몰린 창업공간이 아니라, 전남 산단·관광거점에 실증-상용-확산 코스를 깔아 "만들기(기술)→써보기(현장)→팔기(시장)"가 한 번에 이어지게 한다.

청년들이 스스로 제시하는 해법도 결국 비슷한 방향으로 모인다. "대신 말해달라"가 아니라 "우리 목소리가 정책의 출발점이 되게 해달라"는 요구, 지원사업의 '선정'이 아니라 '거래'가 늘어나는 방식, 실패했을 때 재도전이 빚더미가 아니라 신용회복·재교육·재취업으로 연결되는 길. 청년창업의 생존율을 높인다는 건, 창업자를 영웅으로 만드는 일이 아니라 지역의 일상 시스템이 창업자를 덜 외롭게 만드는 일에 가깝다.

숫자는 광주·전남이 이미 경쟁권에 있음을 보여주지만, 체감은 "커리어가 자라는 길이 보이지 않는다" 쪽으로 기운다. 청년이 창업을 '시도'로 끝내지 않고, 3년을 지나 7년까지 살 수 있도록 첫 고객, 실증 시장, 인재 순환, 재도전 안전망을 한 덩어리로 만들 것. 그 덩어리가 만들어질 때, 청년들의 실질적인 창업생태계가 완성된다고 봐야 할 것이다.

일할 의지는 남아 있는데,
길이 보이지 않는다

광주 인식조사에서 한 참여자는 이렇게 말했다. "아버지가 은퇴한 뒤 공공근로 같은 데도 경쟁이 너무 치열해서 못 들어간다. 나이가 있으니 할 수 있는 일이 거의 없다." 이 말은 단순한 일자리 부족이 아니라, 은퇴 이후 삶의 역할과 사회 접점이 비어 있다는 체감이다.

이를 뒷받침하는 통계가 있다. 2025년 2분기 기준 광주의 60세 이상 경제활동인구는 17만8천명, 경제활동 참가율은 47.8%로 집계됐다. 직전 1분기보다도 약 7천 명이 늘어난 수치다. 전남은 37만2천명, 참가율 60.1%로 나타나, 고령층 10명 중 6명이 여전히 경제활동에 참여하고 있다. 이 통계는 단순히 고령층이 '더 오래 일하고 있다'는 숫자를 넘어, 많은

이가 경제·사회적으로 지속적인 역할을 찾고 있음을 보여준다.

그럼에도 인식조사 참여자들의 말에는 고용의 안정성 부족, 일을 통한 정체성 상실, 관계·참여의 단절 같은 여러 요소가 교차한다. 단순히 소득을 제공하는 일자리는 늘어나도, 삶의 의미나 사회적 기능과 연결되는 기회는 부족하다는 것이다. 이는 OECD 국가 중 고령층 취업률이 높으면서도, 그 일의 질과 사회적 연결망은 약하다는 국내외 분석과도 맞닿아 있다.

이 같은 문제의식은 단지 광주만의 고민이 아니다. 다른 지방이나 대도시들에서도 은퇴 이후의 사회참여를 어떻게 설계할지에 대한 정책적 고민이 깊다. 특히 서울의 '서울시50플러스재단' 사례는 하나의 참고점이 된다.

'서울시50플러스재단'은 50대 이상의 인생 '제2막'을 지원하는 서울시 출연기관이다. 서울시는 중장년층(보통 50~64세)의 인생 전환, 경력 재설계, 일자리 연계, 사회 공헌 활동 등을 종합적으로 돕는 체계를 재단 중심으로 운영해 왔는데, 지금은 4개 캠퍼스(서부·중부·남부·북부)와 13개 센터를 통해 시민들에게 일과 커뮤니티 활동의 기회를 제공하고 있다. 이를 통해 서울시는 인생 후반기를 준비하는 사람들에게 단지 '일을 제공하는 것'에서 더 나아가 새로운 경험·관계·성장 기회를 제공하는 플랫폼을 구축했다.

50플러스재단의 주요 프로그램은 다양하다. '서울런4050'처럼 중장년층의 직업 역량을 높이고 일자리를 발굴·연결하는 교육이 있고, '가치동행일자리'처럼 사회공헌형 참여와 취업을 결합한 사례도 있다. 경력 설계 상담부터 실제 현장 일자리 매칭까지 단계별 지원도 제공된다.

또 하나 주목할 성과는 시니어일자리센터의 취업 매칭 실적이다. '서울시50플러스재단'이 운영하는 일자리센터가 반년 만에 433명의 시니어 취업을 지원한 사례는, 맞춤형 상담과 직접 매칭이 얼마나 효과적인지 보여 준다. 취업 준비 과정에서 이력서 클리닉, 면접 코칭 등을 제공해 실제 현장에서 일자리를 얻을 수 있도록 한 것이다.

이처럼 '서울시50플러스재단'의 성과는 단순한 숫자 취업률 증가에서 그치지 않는다. 경험을 활용해 새로운 사회적 역할을 찾게 했다는 점이 중요하다. 은퇴 이후에도 자기 경험이 가치 있는 사회적 기능으로 연결될 수 있게 한다는 점에서, '참여'와 '역할'이 결합된 일자리 설계 모델이라고 볼 수 있다.

광주·전남 역시 단순한 고령층 취업지원만으로는 한계를

맞을 수 있다. 광주 인식조사에도 "은퇴하고 나면 집에서 시간을 보내는 것밖에 없다", "기존 경력을 살릴 수 있는 기회를 찾기 어렵다" 같은 발언이 나왔다. 이는 시장에서 요구하는 일자리와, 사람들이 갖고 있는 경험이 만나는 접점이 충분치 않다는 뜻이다.

그렇다면 어떻게 해야 할까. 몇 가지 방향을 생각해 볼 수 있다.

첫째, 경력과 사회기여를 연결하는 정책 설계다. 단기 일자리나 공공근로가 아니라, 지역의 문제와 필요에 맞는 사회공헌형 일자리와 프로젝트를 체계적으로 발굴·운영할 필요가 있다. 이를 통해 은퇴한 사람의 경험이 지역의 서비스·문화·돌봄·교육 현장에서 쓰이도록 연결해야 한다.

둘째, 맞춤형 상담 및 매칭 체계의 구축이다. '서울시50플러스재단'처럼 각자의 경력과 역량을 진단하고, 그에 맞는 직무·프로젝트와 연결하는 지원 시스템이 필요하다. 이 시스템은 대도시뿐 아니라 광주·전남의 읍·면·동 단위까지 촘촘하게 구축될 때 효과를 높일 수 있다.

셋째, 공공-민간 협력 플랫폼을 마련해 민간 기업·사회적기업과 중장년 숙련 인력을 연결하는 생태계를 만드는 것이다. 지역 기업과 기관이 필요로 하는 기술·경험을 가진 고령층을 고용하거나 프로젝트 참여로 연결하면, 단기 일자리보다 지속 가능한 경력형 참여가 늘어난다.

넷째, 사회적 인정과 커뮤니티 공간을 마련하는 것이다. 은퇴 이후에도 문화·예술·교육·안내·기록 등 다양한 분야에서 활동할 수 있도록 커뮤니티 공간을 확충하고, 활동을 사회적 자산으로 인정하는 문화적 분위기 조성이 필요하다.

'서울시50플러스재단'의 사례는 결국 일자리의 확장이 아니라 '참여의 질'을 높이는 설계가 중요한 점을 보여 준다. 광주·전남도 통계가 말하듯 많은 60세 이상이 여전히 경제활동에 참여하고 있다. 중요한 것은 그 활동이 개인의 소득을 넘어 삶의 리듬과 사회적 의미를 만드는 방향으로 연결되는지다. 참여가 복지로 끝나지 않고, 삶의 전환과 공동체의 활력으로 이어질 수 있도록 구조를 설계하는 것, 그것이 은퇴 이후 세대의 삶을 온전히 지역사회와 이어 주는 길이다.

공공일자리만 남은 도시, 중장년의 '다음 칸'을 만들자

광주 인식 FGI에서 중장년들이 가장 자주 꺼낸 말은 "일자리가 없어서 못 구한다"가 아니라, "갈 데가 정해져 있다"에 가까웠다. 한 참여자는 "솔직히 … 우리나라가 공공기관 말고 또 기업들이 중간에 껴서 이렇게 점프할 수 있는 기업들이 많이 없다"고 했다.

또 다른 참여자는 아버지 이야기를 들려줬다. "아버지가 … 공공 일자리 같은 걸 신청하셨는데 1년이 넘었는데도 계속 떨어지시더라"는 말이다.

'공공형' 일자리가 마지막 안전망이 돼야 하는데, 정작 그 문은 좁고, 기다림은 길고, 일이 끝나면 다시 원점으로 돌아온다는 체감이 쌓여 있었다.

이 체감이 '공공형 중장년 일자리 한정적'이라는 결론으로 모이는 데는 이유가 있다. 첫째, 지역의 민간 일자리 풀이 얇다. 중장년은 신입처럼 다시 시작하기 어렵고, 경력을 살릴 만한 중간 규모 민간기업의 채용 통로가 넓지 않다. 그래서 '경력은 있는데 갈 곳이 없는' 상태가 길어지고, 그 사이를 공공일자리 단기·반복 참여로 메우게 된다. FGI의 "점프할 기업이 없다"는 문장이 바로 그 구조를 일상어로 번역한 표현이었다.

둘째, 제도는 있지만 지역 현장까지 촘촘히 닿지 않는다. 고용노동부는 중장년 재취업을 돕는 '중장년내일센터'를 운영하고, 사업장에는 재취업지원서비스 제도를 두고 있다. 또 '신중년 경력형 일자리'처럼 경력을 지역서비스로 연결하는 사업도 있다. 그런데 참여자들이 겪는 현실은 "상담은 받았는데 채용으로 이어지지 않는다", "가능한 자리는 결국 공공형 단기 일"로 수렴한다. 제도와 일자리의 '끝단'이 연결되지 않는 것이다.

셋째, 중장년이 요구해 온 것은 단순한 '자리 수'가 아니라 '삶의 지속'이다. 지역 언론과 전문가들이 반복해서 지적해 온 대목도 여기와 맞닿아 있다. 조기 퇴직 이후 재취업이 임금·고용형태에서 하향 이동으로 이어지기 쉽고, 그 과정이 장기화되면 가계부채·건강·돌봄 문제까지 연쇄로 붙는다는 경고가 많다. FGI에서 “위기가 오기 전까지는 혼자 감당한다”는 말이 나온 것도 같은 맥락이다(청년 부채 사례였지만, ‘개인이 혼자 버틴다’는 구조는 세대가 다르지 않았다).

그래서 정책의 초점도 바뀔 필요가 있다. 공공형 일자리를 ‘늘리는 것’만으로는 부족하다. 공공형 일자리는 버팀목으로 두되, 중장년이 민간에서 다시 서도록 만드는 경로를 같이 내야 한다. 예를 들면 이런 방식이다.

광주에서는 첫째, “기다리는 공공일자리”를 “연결하는 공공일자리”로 바꾼다. 공공기관·구청·출연기관이 운영하는 단기 일자리에 민간 전환 목표를 붙이고(예: 6개월 안에 민간 매칭), 참여 기간 동안 자격·포트폴리오·현장실습을 묶는다. 고용노동부의 중장년 지원 인프라(중장년내일센터, 재취업지원서비스)와 시·구의 사업을 한 화면에서 연결하는 ‘원스톱’ 체계가 필요하다.

둘째, 지역 기업에는 “중장년을 뽑으면 손해”라는 불안을 줄여줘야 한다. 채용보조금 같은 단기 인센티브만으로는 부족하고, 직무 재설계(업무 쪼개기), 숙련 전수형 직무, 시간선택제의 표준 모델을 만들어 기업이 그대로 가져다 쓰게 해야 한다. ‘사람이 없어서 못 뽑는’ 중소기업과 ‘갈 데가 없는’ 중장년을 단순히 만나게 하는 수준을 넘어, 일의 모양 자체를 바꾸는 지원이 필요하다.

셋째, 광주·전남 통합을 추진한다면, 중장년 일자리에서 가장 먼저 '규모의 이점'을 써볼 수 있다. 전남은 제조·농수산·에너지·관광 등 현장이 넓고, 광주는 대학·병원·공공기관·서비스 기반이 상대적으로 두텁다. 통합 논의의 경제 비전이 청년만 바라보면 중장년의 이탈과 생활 불안이 그대로 남는다. 통합의 초기 과제로 광주·전남 공동 50+ 전직·재취업 플랫폼, 산업별 숙련 전환 과정(에너지·돌봄·안전·품질·관광 운영), 광역 단위 '경력형 공공서비스 일자리(예: 안전점검·건강상담·일자리 컨설턴트)'를 묶으면, 지금처럼 지자체별로 7명·10명 단위로 흩어지는 사업을 '권역 단위'로 키울 수 있다.

중장년이 공공형 일자리 문 앞에서 오래 서 있는 도시는, 다음 세대도 오래 머물기 어렵다. 한 참여자의 말처럼 "계속 떨어진다"는 경험이 반복되면, 그건 개인의 운이 아니라 지역의 경로가 좁다는 신호가 된다. 공공형 일자리를 '최후의 자리'로 두지 않고 '다음 칸으로 가는 디딤돌'로 바꾸는 것, 그리고 광주·전남 통합 논의가 그 디딤돌을 넓히는 방향으로 시작하는 것, 여기서부터 중장년 일자리의 체감이 달라질 수 있다.

'노후 정보'가 멀수록, 노후는 더 비싸진다

— 광주·전남 통합 돌봄경제로 길을 다시 내자

요즘 한국 사회의 중장년·고령 문제는 '정책 문서'보다 먼저 콘텐츠로 도착한다. 서점 매대에는 '노후파산'이란 단어가 낯설지 않다. 일본 NHK의 현장 취재를 바탕으로 번역·출간된 『노후파산』은 "열심히 살았는데도 노후에 무너지는 사람들"의 생활을 따라가며, 노후가 개인의 의지로만 버티기 어려운 구조임을 드러냈다. 방송도 비슷한 흐름을 이어간다. EBS는 인구 변화가 일상과 경제를 어떻게 바꾸는지 다루는 프로그램을 편성해 왔고, 최근에도 인구·가족 구조의 변화를 토대로 지역과 세대의 삶을 짚는 기획을 이어 간다. 유튜브에선 '은퇴 이후 재취업', '50대 이후 자격증', '돌봄 공백' 같은 키워드가 조회수를 만든다. 그만큼 "어디서 무엇을 어떻게 준비해야 하는지"에 대한 불안이 넓게 퍼져 있다는 뜻이다.

문제는, 정보가 넘쳐 보이는데도 정작 필요한 사람에겐 정보가 닿지 않는다는 데 있다. 중장년·고령층이 겪는 가장 큰 장벽은 '돈'이기 전에 '길 찾기'다. 일자리, 연금, 건강, 돌봄, 주거, 채무 조정, 재무 상담, 평생교육, 사회참여 기회가 여기저기 흩어져 있는데, 한 번에 안내받기 어렵다. 그래서 노후 준비가 "나중에"로 밀리고, 미뤄진 시간만큼 비용이 커진다. 고령층의 경제활동이 늘고 있다는 통계는 이 현실을 우회해서 보여준다. 통계청 자료를 인용한 언론 보도에 따르면 60세 이상 경제활동참가율이 높아지며 청년층과 비슷한 수준까지 올라섰다는 분석도 나온다. 또 다른 통계청 조사 결과를 인용한 보도에서는 고령층 다수가 "가능하면 더 오래 일하고 싶다"고 답한 배경에 생활비 부담이 크게 자리한다고 전한다. '선택'이라기보다 '필요'가 된 노동이다.

이런 흐름 속에서 내가 광주 인식 FGI를 진행한 이유는 단순하다. "정책이 있느냐"가 아니라 "정책이 내 삶에 들어왔느냐"를 확인하기 위해서다. FGI에서 중장년·고령층이 반복해서 꺼낸 이야기는 거창하지 않았다. "무슨 제도가 있는지 모르겠다", "어디로 전화해야 할지 모르겠다", "동사무소에 물어봐도 담당이 다 다르다", "검색하면 광고만 나온다", "결국 유료 상담으로 간다" 같은 말들이었다. 정보 접근의 어려움은 곧 '시간의 비용'으로 바뀌고, 그 비용은 취약한 사람에게 더 크게 청구된다. 준비된 사람은 혜택을 챙기고, 막막한 사람은 제도 바깥에 남는다. 같은 도시 안에서 노후의 출발선이 갈라진다.

이 지점에서 내가 할 수 있는 일은 '새 제도를 한 줄 더' 만드는 데만 있지 않다. 제도가 흩어져 있는 현실을 바꾸는 일, 즉 정보·서비스의 길을 한 번에 연결하는 방식을 만들 수 있다. 중앙정부가 추진하는 통합돌봄(재택의료·요양·복지 연계)도 결국 현장에선 "누가, 어디서, 어떻게 연결하느냐"가 성패를 가른다. 제도가 있어도 연결이 약하면 체감은 낮다. 지역에선 특히 더 그렇다. 의료자원·인력 편차가 크기 때문이다. 이런 '연결의 행정'을 강화하려면, 국회 차원에서 성과지표와 예산 구조를 "사업 개수"가 아니라 "연계 결과" 중심으로 바꾸는 압박이 필요하다. 지자체가 칸막이를 넘어 움직이도록 설계된 재정 인센티브도 검토해야 한다.

좋은 참고 모델도 있다. '서울시50플러스재단'은 중장년의 일·활동·교육을 한 곳에서 묶어 제공하며, 연차보고서 등을 통해 사업 운영과 참여 현황을 정리해 공개해 왔다. 이 모델의 핵심은 '대단한 프로그램'이 아니라 '찾아가기 쉬운 한 덩어리의 창구'에 있다. 지역으로 오면 더 절실해진다. 광주·전남은 고령화 속도와 생활권 구조가 다르고, 농어촌·중소도시의 접근성 문제까지 겹친다. '어르신이 많은 전남'과 '도시형 서비스가 많은 광주'가 따로 움직일 때, 정보 격차는 더 커진다.

그래서 광주·전남 행정통합 논의가 중장년·고령 문제에서 가지는 의미는 꽤 실무적이다. 통합이 '큰 구호'로만 끝나면 실패하지만, 중장년·고령의 삶을 기준으로 서비스 지도를 다시 그리는 통합이라면 이야기가 달라진다. 예를 들어 광주에는 상담·교육·일자리 연계 기능을, 전남에는 돌봄·의료 접근성 개선과 이동지원 기능을 강화한 뒤, 통합 권역 단위로 ① 노후 준비 원스톱 안내(연금·일·채무·주거·돌봄), ②권역 순회형 상담/교육(읍면동 단위 이동), ③중장년 경력전환-지역 일거리 매칭(돌봄·관광·농식품·공공서비스), ④'혼자 사는 노인' 위험 신호 조기 발견 체계를 한 묶음으로 운영할 수 있다. 이름을 거창하게 붙이기보다, 주민이 기억할 단어로 '한 곳'에 모으는 게 중요하다.

정책의 방향도 달라져야 한다. 지금까지는 "일자리 몇 개",

"교육 몇 회"를 성과로 세는 방식이 강했다. 하지만 고령층이 일하고 싶어 하는 이유가 생활비와 직결되어 있다는 조사 결과를 보면, 단기 공공형 일자리만으로는 불안을 줄이기 어렵다. 중장년에게 필요한 것은 짧은 일거리의 나열이 아니라 소득·건강·돌봄이 동시에 무너지지 않게 하는 안전한 경로다. 통합시 논의에서 '산업·일자리'가 중요한 것도 맞지만, 중장년·고령층의 관점에서 보면 일자리는 의료·돌봄·주거와 분리할 수 없다. "일하다 아프면 끝"이라는 두려움이 사라져야 노동도 지속된다.

마지막으로, 이 글의 출발점이었던 FGI의 목소리로 돌아가고 싶다. 주민들은 대단한 약속을 요구하지 않았다. 대신 "찾을 수 있게 해 달라", "한 번에 설명해 달라", "내가 어떤 선택을 할 수 있는지 알려 달라"고 말했다. 이런 요구는 복지의 문제가 아니라 도시 운영의 기본이다. 노후는 길을 잃는 순간 급격히 비싸진다. 광주·전남 통합이 '규모'가 아니라 '길 찾기'를 바꾸는 통합이 되면, 중장년·고령층의 불안은 줄고 지역의 노동·돌봄·소비가 함께 살아날 여지가 커진다. 내가 해야 할 일은 그 길을 실제로 열어 두는 것이다. 누구나 자기 삶의 다음 페이지를, 검색창이 아니라 지역에서 찾을 수 있도록.

요양 전에 이미 무너진다

- 우리가 놓치고 있는 중장년의 시간

현장에서 들려온 말은 돌봄의 '시작점'을 다시 묻게 했다. "통합돌봄은 지속적으로 가야 될 부분인데… 기저질환이 오래된 분들은 답이 없다"는 하소연은, 요양등급을 받기 전 단계에서 이미 건강·관계·생활이 무너지고 있음을 보여준다.

또 다른 참여자는 "통합돌봄(국가사업)에 대해 잘 모른다… 홍보가 부족하다"는 식으로 말한다.

돌봄을 '받는' 순간만 떠올리게 만드는 정책 언어와, 그 앞단의 예방·준비·연결이 약한 현실이 한 문장씩에서 드러난다.

이 의견을 설문 문항처럼 바꿔 보면 더 선명해진다.

"아프기 전에, 요양에 들어가기 전에, 생활이 흔들리기 전에 도움을 받을 길이 보였나?"

"어디에 연락해야 하는지, 어떤 서비스를 받을 수 있는지 한 번에 안내받은 적이 있나?"

"병원·요양·돌봄·주거·일자리 정보가 한곳에서 이어진다고 느꼈나?"

현장의 대답은 대체로 "그런 길이 잘 안 보였다"에 가깝다. 돌봄이 '발생한 뒤'에야 제도가 보이고, 그 전 단계는 개인의 체력과 가족의 부담, 운에 기대는 구간으로 남는다는 뜻이다.

제도 변화는 지금 시작선에 서 있다. 「의료·요양 등 지역 돌봄의 통합지원에 관한 법률」이 마련되면서 지역 단위에서 의료·요양·돌봄을 연계하는 체계를 본격화하려는 흐름이 커졌다. 다만 '법이 생겼다'는 사실만으로 현장의 빈칸이 자동으로 채워지지는 않는다. 특히 중장년은 '아직 요양 대상은 아니지만 이미 위험 신호가 켜진' 인구가 빠르게 늘어나는 구간이다. 이때 가장 취약한 부분이 바로 "요양·돌봄 이전 단계 정책"이다.

광주·전남의 조례와 사업을 살펴보면, 문제의 윤곽이 더 뚜렷해진다. 두 지역에는 고립과 위험을 줄이기 위한 조례들이 이미 여럿 있다. 예를 들어 광주 동구는 '고독사 예방 및 사회적 고립가구 지원' 조례로 고립 위험을 제도 안으로 끌어들인다. 전라남도도 유사한 취지의 조례로 고립·위험가구 지원을 규정하고 있다. 치매 분야도 마찬가지다. 전남 순천시처럼 치매관리 및 지원 조례로 지역 책임을 분명히 하는 곳이 있고 광주 남구 역시 치매관리·지원 조례로 대응 틀을 갖추고 있다. 또 광주광역시는 '고령친화도시 조성'의 추진 근거로 관련 조례를 두고 계획사업을 편성해 왔다.

그런데도 왜 "이전 단계가 비었다"는 체감이 남을까. 조례가 다루는 영역이 넓어도, 실제 생활에서 체감되는 '연결선'이 약하기 때문이다. 고독사 조례는 위기 포착 이후의 대응에 강점이 있고, 치매 조례는 발병 이후 관리·지원 체계에 무게가 실린다. 고령친화도시 계획 역시 과제가 많아질수록 현장에선 "어디부터 이용해야 하는지"가 더 어려워질 수 있다. 결국 한 사람의 삶에서는 건강 악화의 초기 신호 → 상담과 정보 → 운동·영양·마음건강 → 관계 회복 → 일·주거 조정 → 필요 시 의료·요양·돌봄이 한 줄로 이어져야 하는데, 정책은 이 과정을 '부서별 조각'으로 제공하는 경우가 많다.

여기서 필요한 건 중장년이 딱 한 번만 접촉해도 길이 열리는 방식이다. 예컨대 다음 다섯 가지는 광주·전남 시군구에서 "모델"로 키울 만한 소재다.

첫째, 고립·위험가구 조례를 '사후 대응'에서 '예방 연결'로 확장한다. 광주 동구와 전라남도의 고독사 예방 조례는 위기 발굴·지원 근거를 갖고 있으니, 여기에 "중장년 사전 상담·관계망 프로그램 연계"를 조문 또는 시행계획으로 붙일 수 있다.

둘째, 치매 조례를 '치매만'이 아니라 '인지·우울·운동·영양' 묶음으로 운영한다. 순천시·광주 남구의 치매 조례 틀을 활용해, 치매안심센터가 중장년 단계의 생활습관 개입을 지역 프로그램과 더 촘촘히 잇도록 만들 수 있다.

셋째, 고령친화도시 계획을 '현장 단일 창구'와 결합한다. 광주의 고령친화도시 기본계획은 과제가 폭넓다. 이를 주민 입장에서 한 번에 찾게 하려면, 동 단위(또는 생활권 단위)로 "중장년 생활상담+서비스 길잡이"를 붙이는 편이 효과적이다.

넷째, 통합돌봄을 '홍보'가 아니라 '생활 접점'에서 만지게 한다. 참여자들이 "잘 모른다"고 말하는 지점은 홍보 부족이기도 하지만, 병원·복지관·고용센터·도서관 같은 생활공간에서 안내가 한 번에 이루어지지 않는 탓이 크다.

다섯째, 조례·사업의 성과지표를 '제공 건수'에서 '악화 지연'으로 일부 전환한다. 현장에서는 "실적 위주로 평가하면 만성질환·장기 문제에 대응이 어렵다"는 취지의 말이 나온다.

중장년 단계 정책은 '몇 명을 지원했나'도 중요하지만, '요양 진입을 얼마나 늦췄나, 응급·입원을 얼마나 줄였나, 고립을 얼마나 줄였나' 같은 지표가 같이 가야 한다.

광주·전남 행정통합 논의는 이런 전환을 시험하기에 오히려 좋은 조건이 될 수 있다. 통합의 강점은 규모가 커진다는 데만 있지 않다. 조례·서비스 기준을 맞추고, 의료·복지·고용·평생학습 정보를 하나의 체계로 묶어 "이전 단계"를 공공이 책임지는 방식을 만들 수 있다는 데 있다. 예를 들면 통합시 차원의 공통 과제로 ①중장년 위험신호 조기발견(건강·부채·주거·고립) ②지역별 생활권 상담창구 표준화 ③치매·우울·만성질환 예방 프로그램 공동 운영 ④재택의료·방문간호 자원 풀을 공동으로 키우는 로드맵 ⑤시군구 조례의 최소 공통기준 마련 같은 과제를 놓고, 시군구는 각자 강점을 살려 실행하는 방식이다.

현장의 목소리는 늘 분명하다. "방법이 없다"는 말이 나오기 전에, "어디로 가면 되는지 알려 달라"는 말이 먼저 나온다. 요양이나 본격적인 돌봄이 필요해지기 전부터 공공이 삶을 함께 살피기 시작하면, 중장년의 일상은 덜 흔들리고 가족의 부담도 늦춰진다. 그만큼 지역의 의료비와 복지비도 급격히 늘어나는 일을 줄일 수 있다. 무엇보다 중요한 변화는, 지역이 그저 빠르게 늙어가는 흐름을 따라가는 대신, 주민의 삶이 유지되는 속도를 함께 지켜내는 방향으로 선택할 수 있다는 점이다.

교통은 토목이 아니라 도시 전략이다

도시의 움직임이 불편하다는 것은 그 도시의 삶의 질과 경제 활력, 사회적 연결망이 함께 뒤처지고 있다는 신호다. 특히 광주에서 반복되는 도로 굴착 공사, 장기간 이어지는 도시철도 2호선 공사, 불편한 대중교통 환승체계, 외곽 지역 교통 소외 문제는 시민 일상에서 계속해서 체감되는 불편으로 쌓이고 있다. 이런 불편은 단순한 불만이 아니라, 생활권 전체가 아직 제대로 연결되지 않았다는 구조적 문제를 드러낸다.

많은 시민들이 "공사는 많은데 삶이 나아졌다는 느낌은 없다"고 말한다. 그 이유는 교통 정책이 도시 전체의 구조 변화와 연결되지 않았기 때문이다. 교통 인프라는 단순히 길을 놓는 일이 아니라, 사람들이 집에서 일터와 학교, 병원, 문화 시설로 얼마나 쉽게 이동할 수 있는지를 결정하는 도시 구조의 핵심 축이다. 그러나 지금까지 광주의 교통 정책은 개별 사업 단위로 추진되는 경우가 많았고, 도시 전체의 이동 구조를 어떻게 바꿀 것인지에 대한 전략은 충분히 설명되지 않았다. 시민들은 공사의 필요성과 방향을 이해하기보다 불편만 먼저 경험하게 된다.

수도권의 교통 정책은 생활권 통합을 전제로 설계돼 있다. 서울, 경기, 인천이 하나의 거대한 통근·생활권을 이루고 있기 때문에 광역 단위에서 교통을 조정하는 체계가 오래전부터 논의되고 운영돼 왔다. 실제로 국토교통부와 지자체 협력을 통해 광역교통 정책을 총괄·조정하는 기능을 수행하는 조직이 만들어졌고, 광역철도, 광역버스, 환승체계, 요금 통합 같은 정책이 개별 지자체가 아니라 권역 단위에서 추진되고 있다. 이러한 구조는 지자체 간 이해관계를 조정하고, 주민 이동 편의를 기준으로 정책을 설계하는 데 중요한 역할을 한다.

반면 광주와 전남은 이미 하나의 생활권으로 묶여 있음에도 불구하고, 교통 정책은 여전히 시·도 경계 안에서 나뉘어 운영되고 있다. 전남 산업단지로 출퇴근하는 광주 시민, 광주 병원과 대학을 이용하는 전남 주민, 주말마다 광주와 전남을 오가는 가족 단위 이동은 이미 일상적인 풍경이다. 그러나 교통망 설계와 노선 계획, 환승 체계는 행정구역 중심으로 구성돼 있어 생활권 단위 이동을 충분히 뒷받침하지 못하고 있다. 시민들이 느끼는 불편의 상당 부분은 이 경계에서 발생한다.

교통 문제는 단독 사업으로 해결할 수 있는 영역이 아니다. 교통은 주거, 상권, 산업, 문화 정책과 함께 움직여야 도시 구조를 바꿀 수 있다. 도시철도 2호선 역시 단순한 교통수단이 아니라, 어떤 지역에 사람이 모이고 상권이 살아나며 주거와 일자리가 재배치되는지를 함께 설계해야 하는 도시 전략의 일부다. 그러나 지금까지는 노선 건설과 도시 재편 전략이 분리돼 추진되면서 시민들이 변화의 그림을 체감하지 못하고 있다. 그래서 공사는 계속되는데, 도시가 좋아지고 있다는 확신은 생기지 않는다.

또 하나의 중요한 문제는 생활권 기반 환승 체계의 미비다. 광주는 여전히 환승이 불편하고, 외곽 지역일수록 버스 배차 간격이 길며 접근성이 낮다. 이는 자가용 의존도를 높이고, 교통 약자의 이동권을 제한하는 구조로 이어진다. 수도권은 광역철도와 광역버스, 환승센터를 결합한 체계를 통해 출퇴근 시간과 이동 비용을 줄이는 데 정책의 초점을 맞추고 있다. 이동 시간이 줄어들면 생활 반경이 넓어지고, 주거 선택과 일자리 선택의 폭도 함께 넓어진다. 교통 정책이 곧 도시 경쟁력 정책으로 작동하는 이유다.

광주·전남 역시 이제는 광역 단위의 통합 교통 전략이 필요하다. 광역철도, 광역버스, 생활권 순환 노선, 요금 통합, 환승 인프라 개선을 하나의 패키지로 묶어 설계해야 한다. 동시에 교통 정책은 보행 환경, 자전거 이동, 고령자와 유모차 이용자를 고려한 생활 도로 설계까지 함께 포함해야 한다. 이동 약자를 기준으로 설계된 도시는 결국 모두에게 편리한 도시가 된다.

무엇보다 중요한 것은 정책 과정에서의 설명과 소통이다. 시민들은 완벽한 정책보다 이해 가능한 정책을 원한다. 왜 이 공사가 필요한지, 언제 어떤 변화가 생기는지, 내 생활에 어떤 도움이 되는지를 알 수 있을 때 불편을 감내할 이유도 생긴다. 그러나 지금의 교통 정책은 결과 중심 보고는 많아도, 시민의 생활 변화 관점에서 설명되는 경우는 많지 않다. 그 공백이 불신으로 이어진다.

교통 정책은 기술 문제가 아니라 선택의 문제다. 누구의 이동을 우선 개선할 것인지, 어떤 생활권을 중심으로 도시를 재편할 것인지, 광주만 볼 것인지 전남까지 함께 설계할 것인지는 모두 정치적 결정의 영역이다. 광주·전남 행정통합 논의 역시 행정조직 통합이 아니라 생활권 통합을 어떻게 실현할 것인가의 문제로 접근해야 한다. 그 출발점은 교통이다. 교통이 연결되면 산업과 문화, 복지와 교육도 함께 연결된다.

시민들이 바라는 변화는 아이와 부모가 이동 때문에 고립되지 않는 도시, 상권과 주거지가 단절되지 않는 도시, 외곽과 중심이 함께 살아 움직이는 도시를 만드는 것이 교통 정책의 본래 목적이다. 교통은 토목 사업이 아니라 삶의 구조를 설계하는 사회 정책이다. 그 인식이 바뀔 때 비로소 광주의 교통 정책은 불편의 연속이 아니라 변화의 출발점이 된다.

더구나 광주전남행정통합이 완료되었을 때 가장 크게 대두될 수 있는 정책변화가 통합교통정책이 될 가능성이 높다. 가장 민감하고 피부에 와닿는 정책이 될 공산이 크다. 더구나 광주공항과 무안공항과 관련한 공항 이전 논쟁과 갈등의 문제도 새로운 국면을 맡을 것이다. 광주전남이 통합될 경우, 다소간의 갈등이 예상되기 때문에 제기되는 문제도 적지 않지만, 우리 다음세대의 미래를 개척하고 준비한다는 각오로 뭉치고, 머리를 맞대며 앞으로 앞으로 나아가야 한다. 교통은 다른 어떤 정책보다 연계와 순환생태계를 완성하는 도시의 능력을 직접적으로 보여주는 지표기 때문에 광주전남의 진짜 실력이 요구된다고 하겠다.

유모차 하나 지나가기 힘든 도시, 이대로 괜찮을까

"유모차를 끌고 가다 보도가 끊겨서 결국 들고 계단을 내려갔어요."

"신호가 짧아 중간에 멈추면 뒤에서 차가 빵빵거립니다."

"비 오는 날엔 보도블록이 미끄러워서 어르신들은 외출을 포기해요."

광주 인식 FGI에서 보행환경을 묻자 시민들의 말은 늘 장소와 장면을 동반한다. 끊긴 보도, 높은 턱, 짧은 신호, 지장물로 막힌 인도, 공사 구간의 가파른 임시 통로가 반복해서 등장한다. 전문가들은 이를 "보행은 교통이자 복지이며 안전정책의 출발점인데, 도시가 그 기본 성능을 확보하지 못한 상태"라고 진단한다. 길이 이어지지 않으면 이동은 모험이 되고, 모험이 반복되면 사람은 움직이지 않는다. 걷지 않게 되면 상점도 공원도 이웃도 멀어진다. 보행의 실패는 곧 도시 일상의 축소다.

선진 도시들이 이 문제를 다룬 방식은 의외로 단순하다. '배려 캠페인'이 아니라 '설계 기준'을 바꿨다. 일본 도쿄의 주거지 보행로는 보도와 차도의 높이를 최대한 같게 맞추고, 경계석을 없애거나 낮춰 유모차와 휠체어가 끊김 없이 이동하도록 설계한다. 이 정책은 고령사회 진입과 함께 "집 앞에서 넘어지는 사고가 급증한다"는 생활 안전 문제에서 출발했다. 지방자치단체는 보행로를 교통시설이 아니라 생활 안전 인프라로 규정하고, 보도 폭·경사·턱 기준을 세분화해 설계와 유지관리 단계에서 의무화했다. 그 결과 지금의 도쿄 주거지에서는 보행 동선이 끊기는 구간을 찾기 어렵고, 교차로 모서리는 둥글게 처리돼 차량 회전 속도가 자연스럽게 낮아진다. 고령자 외출 빈도가 늘고, 근린 상권 체류 시간도 함께 늘어났다는 평가가 이어졌다.

프랑스 파리의 변화는 더 정치적이었다. 파리는 미세먼지와 교통사고, 도심 공동화 문제가 겹치자 "차 중심 도시에서 사람 중심 도시로 전환하겠다"는 선언을 했다. 그 출발점이 보행 공간 확보다. 차로를 줄여 보도를 넓히고, 학교 주변과 주거 밀집 지역에 차량 속도 30km/h 원칙을 적용했다. 동시에 횡단보도 간격을 촘촘히 배치해 '어디서든 한 번에 건널 수 있는 도시'를 만들었다. 이 정책은 단기간에 반발도 컸지만, 현재는 보행량 증가와 소상공인 매출 회복, 교통사고 감소로 정책 정당성이 확보됐다. 지금의 파리는 걷는 도시를 관광 자산으로까지 전환하는 단계에 들어섰다. 보행이 안전해지자 도시의 체류 시간이 늘고, 체류가 늘자 경제가 살아났다.

국내에서도 성과를 낸 사례는 있다. 서울의 보행자우선도로는 "차가 다니면 안 된다"가 아니라 "차가 와도 보행자가 우선"이라는 운영 원칙을 적용한다. 차로 폭을 줄이고 보도 경계를 없애며, 시각적 디자인으로 운전자 속도를 낮춘다. 이 정책은 어린이 교통사고를 줄이기 위한 생활도로 개선에서 시작됐지만, 지금은 전통시장과 병원 인근, 주거 골목까지 확대됐다. 수원과 세종도 생활권 단위로 속도 제한과 보행 공간 재배치를 묶어 추진하며 사고율과 체감 불편을 동시에 줄였다. 핵심은 예산보다 '공간 배분의 규칙'을 바꾼 데 있다.

이제 광주·전남 통합을 논의하는 시점에서, 보행 정책은 가장 빨리 성과를 만들 수 있는 공동 정책 영역이다. 첫째, 통합 보행 설계 기준을 즉시 만들 수 있다. 보도 폭, 경사, 경계석 높이, 교차로 모서리 처리, 공사 구간 임시 통로 기준을 광역 단위 표준으로 정하고, 모든 시·군이 같은 기준으로 적용하도록 한다. 이는 법 개정보다 행정 지침 통합으로 빠르게 시행 가능하다. 둘째, 생활권 단위 '보행 우선 구역'을 지정할 수 있다. 학교·전통시장·병원·환승 거점 주변을 묶어 차량 속도 30km/h 원칙과 보행 공간 확장을 동시에 적용한다. 셋째, 끊긴 보행축부터 연결하는 '연속 보행로 복원 사업'을 공동으로 추진한다. 시민들이 가장 많이 불편을 호소한 지점을 우선 정비하면 체감 성과는 빠르게 나타난다. 넷째, 쉬어갈 권리를 인프라로 만든다. 벤치, 그늘, 야간 조명을 교통시설의 일부로 편성하면 노인의 생활 반경은 실제로 넓어진다.

FGI에서 시민들이 요구한 것은 거창한 도시 재편이 아니라 "넘어지지 않고, 끊기지 않고, 눈치 보지 않고 걷게 해 달라"는 최소 기준이다. 선진 도시들의 공통점은 그 최소 기준을 '권리'로 규정했다는 데 있다. 보행이 편해지는 순간, 노인과 아이가 먼저 움직이고, 그 뒤를 상권과 공동체가 따른다. 광주·전남 통합이 행정 조직의 합이 아니라 생활의 합이 되려면, 가장 먼저 바뀌어야 할 것은 사람들이 매일 밟는 길의 기준이다. 보행의 회복은 도시 신뢰의 회복이고, 신뢰가 돌아올 때 통합의 효과도 비로소 일상에서 증명된다.

정준호의 대화

- 호남을 듣다

03 대형쇼핑몰과 골목상권, 함께 살 수는 없을까

- 대형쇼핑몰과 골목상권, 함께 살 수는 없을까
- “‘더현대’는 온다, 그런데 골목은 누구 계획에 있나”
- “장사 좀 되면 임대료부터 오르는 도시, 이게 정상일까요”
- ‘말바우시장’은 왜 광주 · 전남 전통시장 전략의 시험대가 되어야 하는가
- 왜 광주는 관광도시가 되지 못하는가
- 도시 랜드마크 전략 재설계를 어떻게 할 것인가
- 광주 관광의 문제는 자원이 아니라 운영이다
- 밤이 비어 있는 도시, 관광도 멈춘다
- “볼 곳은 많은데, 해볼 건 없다”는 도시
- 쇼핑몰이 생기면, 우리 동네는 정말 좋아질까
- 군공항 이전, 합의가 끝이 아니라 시민과 함께 현실로 만드는 과정이다
- “하늘길이 막히면 생활도 멈춘다”
- 공항이 멀어질수록, 도시는 더 작아진다

대형쇼핑몰과 골목상권, 함께 살 수는 없을까

"쇼핑몰 생기고 나서 손님이 절반으로 줄었어요. 예전엔 장 보고 골목까지 내려왔는데, 이제는 거기서 다 해결하니까요."

"공사 때문에 길 막히고 주차 안 되니까 손님이 안 와요. 공사 끝나면 돌아올 줄 알았는데 안 돌아옵니다."

"대형 매장은 이벤트, 광고 다 하는데 우리는 간판 하나 더 달기도 눈치 보여요. 경쟁이 안 됩니다."

광주 인식 FGI에서 골목상권과 소상공인 문제를 묻자 가장 먼저 나온 말들은 '매출'이 아니라 '흐름이 바뀌었다'는 체감이었다. 상인들은 매출 감소보다 더 무서운 게 "사람이 안 다니는 길이 됐다"는 사실이라고 했다. 한 참여자는 "예전에는 장 보러 왔다가 밥 먹고, 커피 마시고, 아이 학원 보내고 집에 갔는데, 이제는 차 타고 쇼핑몰 들어갔다가 그대로 나간다"고 말했다. 소비가 지역 안에서 순환하지 않고, 대형 시설 안에서 닫힌 구조로 바뀌었다는 인식이다.

공사로 인한 피해도 반복해서 언급됐다. "지하철 공사 때문에 몇 달 장사 접다시피 했어요. 보상은 형식적이었고, 다시 열었을 때는 손님이 끊겨 있었죠." "공사 끝나면 좋아질 거라고 했는데, 상권이 회복되도록 도와주는 정책은 없었어요." 상인들은 공사 기간의 직접 손실뿐 아니라, 공사 이후의 구조 변화에 대한 대비가 없었다는 점을 더 크게 문제 삼았다. 전문가 참여자도 "개발사업 승인 과정에서 상권 영향평가가 사실상 형식적으로 처리되고, 사후 회복 전략이 제도화돼 있지 않다"고 지적했다.

FGI에서는 '상생'이라는 단어에 대한 냉소도 강하게 드러났다. "상생 프로그램 한다고 현수막 붙이고 사진 찍고 끝이에요." "컨설팅 한 번 받고 보고서 쓰고 끝나는데, 장사가 나아진 건 없어요." "우리는 구조가 바뀐 건데, 정책은 행사 중심입니다." 상인들에게 필요한 것은 일회성 이벤트가 아니라 유입 동선, 체류 시간, 소비 연결 구조를 다시 만드는 정책라는 점이 분명하게 드러났다.

이 문제를 제도적으로 다룬 도시들은 접근 방식이 다르다. 일본 도쿄와 오사카에서는 대형 재개발이 예정되면 주변 골목을 '상권 관리 구역'으로 먼저 지정한다. 재개발 허가와 동시에 상생기금 출연 의무, 골목상권 리모델링 지원, 공동 브랜딩과 마케팅 계획이 함께 승인된다. 상인회와 지방정부, 개발사업자가 함께 참여하는 협의체가 구성되고, 개발 개시 전부터 '소비 동선 분산 설계'를 한다. 쇼핑몰 내부 안내 지도와 외부 상권 안내를 연동하고, 행사·축제를 공동 기획해 대형 시설 방문객이 자연스럽게 골목으로 이동하도록 구조를 만든다. 이 제도는 대형 개발이 골목을 대체하지 않고 상권을 확장하는 방식으로 작동하도록 설계된 것이다.

프랑스 리옹에서는 도시재생 사업과 함께 '근린상권 유지 프로그램'을 병행했다. 재개발 지역 반경 내 상점가를 대상으로 임대료 안정 협약, 외관·내부 리모델링 지원, 관광 코스와 연계한 체험형 매장 육성을 패키지로 묶었다. 단순 보조금이 아니라, 도시 관광 동선에 골목상권을 포함시키는 방식이다. 그 결과 재개발 이후에도 기존 상점의 70% 이상이 존속했고, 신규 창업도 프랜차이즈보다 지역 기반 업종이 다수를 차지했다는 평가가 나온다.

국내에서도 비슷한 구조를 만든 사례가 있다. 서울 성수동의 경우 초기 도시재생 단계에서 공공이 먼저 임대 공간을 확보해 지역 상인에게 재임대하고, 문화·제조 체험 콘텐츠와 상점을 묶어 '머무는 상권'으로 전환했다. 대형 브랜드 유입 이후에도 골목 상점이 완전히 밀려나지 않도록, 상권 관리 조직이 임대·업종 조정 기능을 일정 부분 담당했다. 전주 한옥마을 역시 관광객 집중에 따른 임대료 급등과 상권 붕괴를 막기 위해 업종 제한, 공동 마케팅, 주민 참여형 운영위원회를 도입해 상권 구조를 관리하고 있다.

이런 사례들의 공통점은 대형 개발이나 관광 활성화를 '개별 사업'이 아니라, 상권 생태계 전체를 관리하는 정책 단위로 묶었다는 점이다. 반면 광주 FGI 참여자들이 느끼는 현실은 정반대다. "개발은 따로, 상권은 따로, 우리는 중간에서 버틴다." "도시는 커졌는데 우리 장사는 점점 작아진다." "개발 성과에는 우리가 포함되지 않는다." 이 인식이 계속 쌓이면, 도시는 성장해도 지역 경제는 비어가는 기형적 구조가 고착된다.

광주·전남 통합 이후 즉시 적용 가능한 정책은 첫째, 대형 개발사업에 상권 영향평가와 상생기여 의무를 제도화해야 한다. 단순 의견 청취가 아니라, 매출 변화·동선 변화·업종 구조 변화를 수치로 예측하고, 그 결과에 따라 상생기금, 리모델링 지원, 공동 마케팅 비용 분담을 의무화하는 방식이다. 둘째, 광역 상권 회복 펀드를 조성해 공사 피해 상권과 구조 전환이 필요한 골목을 집중 지원해야 한다. 이 펀드는 임대료 안정, 디지털 전환, 공동 브랜드 구축까지 포함하는 종합 패키지여야 한다. 셋째, 대형 시설-전통시장-골목상권을 연결하는 소비 동선 설계를 도시계획 단계에서부터 반영해야 한다. 교통, 보행, 관광 코스를 묶어 "들어왔다가 바로 나가는 도시"가 아니라 "돌아다니며 소비하는 도시"로 구조를 바꿔야 한다. 넷째, 상권 관리 전담 조직이 필요하다. 행사 기획이 아니라 임대 구조, 업종 구성, 공공 공간 활용까지 조정할 수 있는 실질적 운영 주체가 있어야 상권이 살아남는다.

FGI에서 한 상인은 이렇게 말했다. "우리가 잘해 달라는 게 아니라, 같이 살자는 겁니다." 이 말은 상생의 본질을 정확히 짚는다. 대형 개발과 골목상권은 경쟁 관계가 아니라 도시 경제를 함께 떠받치는 양 축이다. 개발 성과가 골목으로 흘러가지 않는 구조라면, 그 도시는 겉으로만 성장한 것이다. 광주·전남 통합이 새로운 경제권을 만드는 과정이라면, 그 성공 여부는 골목에서 다시 불이 켜지는지로 판단받게 될 것이다. 골목이 살아야 도시도 산다.

“‘더현대’는 온다,
그런데 골목은 누구 계획에 있나”

광주 북구 옛 전방·일신방직 부지에 ‘더현대 광주’가 첫 삽을 떴다는 소식은 도시 분위기를 단숨에 바꿔 놓았다. 광주시는 “노잼도시에서 꿀잼도시로, 떠나는 도시에서 찾는 도시로”를 선언하며 복합쇼핑몰을 도시 전환의 신호로 강조했고), 언론은 2028년 개장 목표와 초대형 규모, ‘랜드마크’라는 키워드를 반복했다. 착공의 상징성은 분명하다. 수십 년 묵은 도심 유휴부지가 움직이기 시작했고, ‘광주에도 드디어’라는 감정이 생겼다.

그 감정의 중심에 청년의 언어가 있다. 온라인과 지역 여론에서 광주는 오래 ‘노잼도시’라는 딱지를 달아 왔고, 그 말이 어떻게 굳어졌는지까지 지역 언론이 추적해 왔다. “광주에는 왜 코스트코도 없냐”는 말도 같은 맥락에서 반복돼 왔다. 최근에는 “광주에만 없는 코스트코, 드디어 들어서나” 같은 기사들이 다시 주목을 받으며 ‘원정 쇼핑’과 ‘역외 소비 유출’ 프레임을 강화했다. 더현대 착공 뉴스가 퍼질수록 이런 반응은 더 선명해진다. 청년들 입장에서는 단순히 쇼핑의 문제가 아니라 “도시에 놀 거리·볼거리·쓸 만한 소비 경험이 없다”는 체감의 언어로 수용되기 때문이다.

그런데 같은 뉴스가 골목에 닿는 순간, 온도가 달라진다. 착공 당일, 상인단체들은 “복합쇼핑몰 설립 전 지역 상권을 보호할 실질적 대책”을 요구하며 “최소한의 협의 절차도 없다”고 목소리를 냈다. “쇼핑몰 안에 모든 게 있는데 굳이 밖으로 나올 이유가 있겠냐”는 현장 인터뷰가 방송을 탔다. ‘한겨레’는 상인들이 ‘업적 홍보보다 상권 대책이 먼저’라고 비판했고, 협의회가 논의할 과제로 “복합쇼핑몰 내 지역업체 입점, 전통시장 연계, 구매 포인트의 지역화폐 전환” 같은 방안이 거론된 정황을 전했다. 강기정 시장도 상권 영향평가 결과 공개와 상생발전협의회 구성을 언급했다. 그리고 실제로 2025년 12월 말, 자치구·소상공인·대기업·청년단체·전문가 등이 참여하는 '복합쇼핑몰 상생발전협의회'가 출범했다.

문제는 여기서부터다. 광주 인식 FGI에서 확인된 것은 '대형 개발이 싫다'가 아니라, "상권 회복 프로그램이 왜 이렇게 체감이 안 되느냐"는 질문이었다. 참여자들은 이런 취지로 말한다. "축제 한 번 하고 사진 찍고 끝나면 다음 주에 다시 원래대로다." "컨설팅을 받았는데 우리 동네 장사 방식이 바뀌는 건 없었다." "지원은 있는데, 우리한테 맞는 지원이 아니었다." "공사가 길어지면 손님이 끊기는데, 그 공백을 메우는 장치가 없다." 핵심은 단순한 지원금이 아니라 '구조'다. 소비가 대형 시설 안에서 닫히고, 외부 골목으로 흐르지 않으면 골목은 '도시의 주변부'로 밀려난다. 반대로 유입 인구가 골목으로 확산되도록 설계하면, 대형 시설은 '빨대'가 아니라 '펌프'가 될 수 있다. 지금 광주가 부딪히는 것은 바로 이 갈림길이다.

청년의 요구와 상인의 불안은 사실 같은 질문에서 출발한다. 청년은 "도시에 올 이유가 있느냐"를 묻고, 상인은 "도시에 남을 이유가 있느냐"를 묻는다. 둘 다 '도시 경험'의 문제다. 차이는 해법의 방향이다. 청년의 언어는 대형 콘텐츠 유치로 기울고, 상인의 언어는 생활경제 방어로 기운다. 갈등은 자연스럽다. 그래서 필요한 것은 '찬반' 토론이 아니라, 도시경영 차원에서 이 둘을 동시에 만족시키는 설계다. 더현대 착공을 도시 비전의 출발점으로 삼되, 그 비전의 성공 조건을 "골목의 매출과 생존"으로 명시해야 한다.

도시경영의 대안은 '상생'이라는 단어를 선언하는 수준에서 끝나면 안 된다. 첫째, 상권 영향평가를 공개하는 것으로 끝내지 말고, 승인·운영 조건으로 전환해야 한다. 영향평가가 "피해가 예상되는 업종·구역"을 특정한다면, 그 구역에는 자동으로 '회복 패키지'가 붙어야 한다. 임시 행사비가 아니라 ①공사·교통 변화로 인한 접근성 손실 보정, ②공동 마케팅·공동 쿠폰, ③골목 안내체계(사인·지도·앱) 구축, ④상권 리모델링·야간조명·보행환경 개선 같은 '체류 장치'가 의무화돼야 한다. 시가 말한 상생협의회가 실효성을 가지려면, 이 패키지의 집행 권한과 예산·지표를 가져야 한다.

둘째, '쇼핑몰 내부-골목 외부'를 연결하는 소비 동선 설계를 사업의 일부로 만들어야 한다. 언론에서 거론된 '로컬 마켓' 같은 구상은 쇼핑몰 안에서만 작동하면 상생이 아니라

'전시'가 된다. 로컬 마켓의 절반은 '외부 상권으로 나가는 관문'이어야 한다. 예를 들어 영수증/포인트를 지역화폐로 전환해 골목에서만 추가 혜택이 생기게 하고, 주말 셔틀·도보 코스를 쇼핑몰 공식 동선에 넣고, 쇼핑몰 내부 안내판·앱 첫 화면에 '오늘의 골목 코스'를 고정하는 식이다. '밖으로 나올 이유가 없다'는 상인의 말을 정책으로 뒤집어야 한다.

셋째, 상권 회복 프로그램의 평가 기준을 '행사 참여'가 아니라 '재방문과 분산'으로 바꿔야 한다. FGI에서 체감이 낮았던 이유는 프로그램이 상인의 월세·인건비·계절 매출 등의 시간표와 맞지 않았기 때문이다. 도시가 관리해야 할 성과지표는 단순 유동인구가 아니라 '골목 재방문률', '소비의 분산률', '임대료 급등 억제' 같은 지표다. 협의회가 출범했다면, 이제는 지표를 걸고 공개해야 신뢰가 생긴다. 그래야 상권 회복 프로그램이 "또 한 번의 이벤트"가 아니라 "도시 운영"이 된다.

넷째, '노잼도시' 프레임을 깨려면 대형 시설 하나로는 부족하다. 광주가 꿀잼도시가 되려면, 사실 '골목이 재밌어져야' 한다. 더현대가 '목적지'라면, 골목은 '이동 중에 머무는 이유'가 되어야 한다. '코스트코' 유치 논의가 재점화될 때마다 찬반이 갈리는 것도 같은 이유다. 청년의 요구는 '도시 경험의 업그레이드'이고, 상인의 요구는 '생활경제의 안전장치'다. 이 둘을 함께 충족시키는 유일한 길은, 복합쇼핑몰을 '도시 경험의 기점'으로 만들되 그 경험이 골목으로 확장되도록 설계하는 것이다.

'더현대' 착공은 하나의 건물을 짓는 일이 아니라, 광주가 어떤 방식으로 도시를 운영할 것인가를 묻는 출발선이다. 이제 중요한 것은 '무엇이 들어오느냐'가 아니라, 그 변화가 누구의 삶에 어떤 방식으로 닿느냐다. 청년에게는 머물고 싶은 도시의 경험이 되어야 하고, 골목상인에게는 계속 장사할 수 있는 안전한 구조가 되어야 한다. 대형 개발의 성과가 쇼핑몰 안에만 머물러서는 광주라는 도시의 활력을 기대만큼 장담할 수 없게 된다고 본다. 광주 도시경영의 새로운 패러다임은 이제 분명해야 한다. 유치에서 끝나는 행정이 아니라, 상권·주거·교통·문화가 함께 작동하도록 설계하고 끝까지 관리하는 행정이어야 한다. '더현대' 이후의 광주는, 개발의 크기가 아니라 변화가 공유되는 구조를 만들었는지로 평가받게 될 것이다. 그 평가 기준은 골목 상권의 불이 다시 켜지고, 청년이 이 도시에서 미래를 그릴 수 있을 때, 비로소 이 착공은 '성공한 개발'이 아니라 '성공한 도시전략'이 된다고 믿는다.

"장사 좀 되면 임대료부터 오르는 도시, 이게 정상일까요"

"장사가 안 되는 것도 힘든데, 장사가 좀 되면 임대료부터 오릅니다. 그래서 결국 떠나게 돼요."

광주 인식 FGI에서 골목상권을 묻자, 여러 상인이 비슷한 말을 했다. 매출보다 먼저 떠오르는 말이 '임대료'였다. 한 참여자는 "처음에는 버틸 만해서 가게를 지켰는데, 주변에 사람이 늘기 시작하자 계약 갱신 때 임대료가 확 뛰었다"고 말했다. 또 다른 참여자는 "결국 온라인으로 옮길 수밖에 없었다. 가게를 접는 게 아니라 쫓겨나는 느낌이었다"고 표현했다.

이 말은 특정 지역의 예외적 사례가 아니다. 최근 언론 보도를 보면, 서울 성수동·연남동·익선동, 지방의 관광형 상권까지 비슷한 흐름이 반복된다. 공공이나 민간 개발, 혹은 SNS를 통한 상권 인지도 상승, 유동인구 증가, 임대료 급등, 기존 상인 이탈,프랜차이즈·단기 수익형 업종 대체. 이 과정에서 '골목상권 활성화'라는 정책 목표는 달성된 것처럼 보이지만, 실제로는 상권의 주체가 바뀌는 구조적 이동이 발생한다. 그래서 언론은 이를 '상권 회복이 아니라 상권 교체'라고 표현한다.

FGI 참여자들은 이 구조를 아주 정확히 짚었다. "우리가 장사해서 동네 살려놓으면, 그 다음엔 우리가 못 버티는 구조예요." "지원금 몇 번 받는다고 해결될 문제가 아니라, 임대 구조 자체가 바뀌지 않으면 계속 반복됩니다." "온라인 판매로 옮긴 것도 자발적인 선택이라기보다, 여기서는 더 이상 설 자리가 없어서였습니다." 이 말 속에는 오프라인 매장이 온라인으로 이동하는 현상이 단순한 소비 트렌드 변화가 아니라, 도시 공간에서 밀려나는 결과라는 인식이 담겨 있다.

전문가들도 같은 지점을 지적한다. 오프라인 상권이 약해지는 이유를 단순히 '온라인 경쟁력 부족'으로 설명하는 것은 문제를 반만 보는 것이다. 실제로는 임대료, 접근성, 체류 시간, 주변 소비 구조가 동시에 작용한다. 온라인 전환은 선택이 아니라 생존 전략이 되는 경우가 많다. 그래서 상권 문제는 산업정책이 아니라 도시정책, 토지정책, 주거·상업 공간 관리 정책의 영역이라는 주장도 나온다.

문제는 여기서 한 걸음 더 나아가야 한다는 점이다. "공공이 임대료에 개입하는 게 가능하냐"는 질문이다. FGI에서도 이 질문이 나왔다. 한 참여자는 "그 동안은 임대는 시장에 맡겨야 한다는 말만 들었다. 그런데 시장에 맡긴 결과가 지금 상황 아니냐"고 되물었다. 또 다른 참여자는 "도시는 개발에는 개입하면서, 왜 장사 공간에는 손을 놓고 있느냐"고 했다. 이 질문은 상권 정책의 한계를 넘어 도시경영의 역할 범위를 묻는 질문이다.

실제로 해외 여러 도시는 이미 이 영역에 개입하고 있다. 프랑스 파리와 리옹은 공공이 상가를 매입해 장기 임대하는 '상업 공간 공공보유' 정책을 시행한다. 목적은 명확하다. 지역 생활서비스 업종과 소상공인이 임대료 상승으로 내몰리지 않도록 상업 공간을 도시 인프라로 관리하는 것이다. 일본 일부 도시에서는 상권관리조합이 임대 조정에 직접 참여하고, 지자체가 건물주에게 세제 혜택을 제공하는 대신 임대료 상한 협약을 체결한다. 이는 시장을 통제하는 방식이 아니라, 시장 구조를 관리하는 방식에 가깝다.

국내에서도 제한적이지만 시도가 있다. 서울 일부 지역에서는 공공이 점포를 선매입해 청년·지역 상인에게 장기 임대하는 '안심상가' 모델을 운영했고, 전주 한옥마을에서는 업종 구성과 임대 구조를 관리하는 협약 모델을 도입해 상권 붕괴를 완화했다. 규모는 작지만, 공공 개입이 불가능하지 않다는 점은 이미 입증된 셈이다.

광주 인식 FGI 참여자들이 요구한 것도 거창한 통제가 아니다. "임대료를 묶어 달라"기보다 "조금만 숨 돌릴 시간을 달라", "장사해 볼 수 있는 안정된 기간이 필요하다"는 요구였다. 이는 단기 보조금보다 공간 안정성이 훨씬 중요하다는 신호다. 상권 회복 프로그램이 실효성을 갖지 못하는 이유도 여기에 있다. 임대 구조가 불안정한 상태에서는 아무리 교육을 하고, 홍보를 해도 장기 전략을 세울 수 없다.

이 지점에서 광주·전남 행정통합은 오히려 기회가 될 수 있다. 통합 이후 광역 차원에서 상업 공간 관리와 지역상권 보호를 하나의 도시경제 전략으로 묶는 실험을 할 수 있기 때문이다. 예를 들어, 광역 상권 안정 기금을 조성해 핵심 생활상권의 점포를 매입·장기 임대하고, 지역 특화 업종과 연계하는 모델을 만들 수 있다. 관광지·혁신도시·역세권 등 개발 압력이 높은 지역부터 시범 적용하고, 성과를 축적해 단계적으로 확장하는 방식도 가능하다. 또한 광역 단위에서 데이터 기반 상권 모니터링 시스템을 구축하면, 임대료 급등과 업종 쏠림을 사전에 감지하고 정책 대응이 가능해진다.

이런 정책은 단지 소상공인 보호 차원이 아니다. 온라인 매장으로 빠져나가는 소비와 창업이 다시 지역으로 돌아오게 만드는 도시 경제 순환 전략이기도 하다. 오프라인이 무너지면 도시는 일자리와 관계망을 함께 잃는다. 그래서 상권 문제는 복지나 산업의 하위 분야가 아니라, 도시 지속가능성의 핵심 지표다.

FGI에서 한 참여자는 이렇게 말했다. "우리는 보호만 해 달라는 게 아니라, 계속 시도해 볼 수 있는 조건을 달라는 겁니다.” 이 말은 정책의 방향을 정확히 가리킨다. 상권이 해체되고 이동하는 흐름을 막을 수는 없더라도, 그 속도를 조절하고 완충 장치를 만드는 일은 도시가 할 수 있다. 임대료에 대한 공공 개입은 시장을 거스르는 일이 아니라, 도시가 책임져야 할 공간 관리의 영역이다. 광주·전남이 통합 도시로 나아간다면, 그 첫 번째 실험은 거대한 개발 프로젝트보다, 골목의 가게가 몇 년 더 버틸 수 있는 구조를 만드는 데서 시작해야 한다. 그때 비로소 상권 회복은 프로그램이 아니라 도시 전략이 된다.

상인들에 관한 문제를 상인들의 문제에 국한해 관련 담당부서의 일로 활성화를 시키겠다고 나름의 행정력을 동원해 온 것이 지금까지였다. 중앙정부와 지방정부가 나서서 지원책과 활성화책을 내놓았다지만, 유통시장의 변화를 이기기에는 근본적인 체력을 갖고 있지 못한 것도 있었다. 이를 지원하고 육성하고, 타개책을 찾기 위안 방법으로 특정 부서와 지자체장의 관습적 지시만으로는 한계를 뛰어넘을 수 없다는 것은 누구나 알고 있는 지경이다. 도시성장 전략차원의 협력적 거버넌스체계를 실질적으로 작동해야 하는 근본적인 이유다.

‘말바우시장’은 왜 광주·전남 전통시장 전략의 시험대가 되어야 하는가

호남 최대 전통시장으로 불리는 말바우시장은 광주 북구의 일상과 가장 밀착된 생활경제의 현장이다. 새벽이면 인근 농촌에서 올라온 상인들이 좌판을 펴고, 낮에는 인근 주거지 주민과 장을 보러 나온 어르신, 저녁 무렵에는 퇴근길 시민들이 오가며 하루가 완성된다. 의정활동을 하며, 또 지난 총선 기간 동안 지역을 돌며 가장 많이 발길이 닿았던 곳도 이 시장이었다. 이곳을 자주 찾게 된 이유는 단순한 민원 청취가 아니라, 광주 전통시장의 현재와 미래를 가장 집약적으로 보여주는 공간이라고 느꼈기 때문이다.

말바우시장은 이미 여러 차례 시설 현대화 사업을 거쳤다. 아케이드는 정비됐고, 바닥 포장과 화장실, 주차장도 예전보다 나아졌다. 겉으로 보면 '정비된 전통시장'의 전형에 가깝다. 그러나 광주 인식 FGI에 참여한 시민과 소상공인, 상권 전문가들의 이야기를 종합하면, 문제는 시설 이후부터 시작된다는 점이 분명해진다. "비 오는 날 이용하기는 좋아졌지만, 굳이 더 자주 오게 되진 않는다", "깨끗해졌지만 살거리나 즐길 거리는 예전과 크게 다르지 않다"는 시민 의견이 있었고, 상권 종사자들은 "시설 개선이 매출이나 유입 구조 변화로 이어지지 않는다"고 진단했다.

여기서 중요한 점은, 이 목소리들이 말바우시장만의 문제가 아니라 광주 전통시장 전반, 나아가 전남 지역 전통시장들에서도 공통적으로 제기되는 구조적 문제라는 사실이다. 광주에는 말바우, 양동, 대인시장 등 크고 작은 전통시장이 다수 존재하고, 전남까지 포함하면 공식 전통시장만 100곳이 넘는다. 하지만 정책 접근은 대부분 개별 시장 단위의 시설 개선과 단기 프로그램 중심으로 이뤄지고, 시장 간 경험과 성과가 체계적으로 공유·확산되는 구조는 거의 없다.

FGI 참여자들은 이를 두고 "각 시장이 각자 살아남아야 하는 구조"라고 표현했다. "컨설팅도, 교육도, 축제도 다 따로 따로 진행된다", "어디가 잘됐는지, 왜 잘됐는지 배우는 구조가 없다"는 말도 나왔다. 그래서 성과가 있어도 그 시장 안에 머물고, 실패의 경험 역시 반복된다. 전통시장이 도시 단위, 광역 단위의 학습 시스템과 실험 플랫폼으로 설계되지 않았다는 지적이다.

이런 맥락에서 말바우시장은 '지원 대상'이기 이전에 광주·전남 전통시장 혁신 모델을 실험할 수 있는 전략 거점이 될 수 있다. 규모, 접근성, 생활 밀착성, 유통 구조가 모두 갖춰진 시장이기 때문에, 운영 방식·콘텐츠·세대 유입·공공서비스 결합 모델을 시험하고 검증하기에 가장 적합한 조건을 갖추고 있다. 다시 말해, 말바우시장은 보호해야 할 대상인 동시에 성공모델을 만들어 주변 시장으로 확산시켜야 할 실험장이 될 수 있다.

FGI에서도 이와 비슷한 제안이 나왔다. "한 시장을 제대로 바꿔서, 그 방식을 다른 시장에 적용해 보면 좋겠다", "시장마다 똑같은 사업을 반복하지 말고, 역할을 나눠서 특화했으면 한다"는 의견이다. 이는 전통시장을 개별 점포의 집합이 아니라 도시 경제 인프라의 네트워크로 보자는 관점으로 이어진다. 예를 들어, 말바우시장에서 청년 창업·생활 서비스 결합 모델을 실험하고, 다른 시장에서는 관광·문화 특화 모델을 실험해 성과를 공유하는 방식이다. 이렇게 되면 전통시장은 서로 경쟁하는 공간이 아니라, 역할이 분화된 생활경제 플랫폼으로 재구성될 수 있다.

총선 기간 동안 말바우시장에서 가장 많이 들은 말은 "우리는 아직 장사가 되니까 정책에서 늘 뒤로 밀린다"는 하소연이었다. 매출이 완전히 붕괴된 상권이 아니다 보니 위기 지역도 아니고, 그렇다고 성장 지역도 아닌 애매한 위치에 놓여 있다. 하지만 FGI에서 반복해서 제기된 문제는 이미 구조적 위기 단계에 접어들었다는 인식이었다. "젊은 손님이 거의 없다", "일 도와줄 사람이 없다", "가게를 물려줄 사람이 없다"는 말은 전통시장의 지속 가능성이 급격히 약화되고 있다는 신호다.

이 문제를 개별 상인의 노력이나 일회성 지원으로 해결하기는 불가능하다. 그래서 전통시장 정책은 시설 사업 중심에서 도시경영 전략으로 전환돼야 한다. 첫째, 시장을 단순 판매 공간이 아니라 지역 생활 플랫폼으로 재정의해야 한다. 먹거리, 생활용품, 돌봄, 소규모 문화, 창업 실험이 결합되는 구조를 만들면 이용 목적이 장보기 하나에 머물지 않는다. 둘째, 청년과 신규 상인이 진입할 수 있는 임대 안정 점포와 실험 공간을 공공이 일부 확보해 순환 구조를 만들어야 한다. 실패해도 다시 도전할 수 있는 조건 없이는 세대 교체는 일어나지 않는다.

셋째, 전통시장 운영을 담당할 전문 조직과 광역 단위 전략 체계가 필요하다. 상인회 중심의 자율 운영만으로는 마케팅, 공간 기획, 콘텐츠 개발, 시장 간 협업까지 감당하기 어렵다. 광주·전남 통합을 전제로 한다면, 전통시장 정책 역시 광역 차원의 컨트롤타워와 실험 플랫폼을 갖추는 것이 현실적인 해법이다. 넷째, 시장과 주변 주거지, 공공시설, 교통망을 연결하는 생활권 동선 설계가 병행돼야 한다. 이때 말바우시장에서 먼저 실험하고, 성과를 인근 시장과 전남 지역으로 확산시키는 방식이 가장 효율적이다.

FGI에서 한 참여자는 이렇게 말했다. "전통시장을 살린다는 건 가게 몇 개 고치는 문제가 아니라, 동네 생활을 다시 짜는 일이다." 이 말은 전통시장 정책의 성격을 정확히 짚는다. 말바우시장을 성공모델로 만드는 일은 특정 지역만을 위한 정책이 아니라, 광주·전남 전통시장 전체를 혁신하는 출발점이 될 수 있다. 시설을 고치는 데서 멈출 것인가, 아니면 시장을 도시 생활경제의 핵심 거점으로 다시 설계할 것인가. 말바우시장은 지금 그 갈림길에 서 있다. 그리고 이 실험이 성공할 때, 광주와 전남의 전통시장 정책도 비로소 다음 단계로 넘어갈 수 있다.

왜 광주는
관광도시가 되지 못하는가

"이번 주말에 친구가 서울에서 내려오는데, 어디 데려가면 좋을까요?"

FGI 좌담이 끝나고도 질문은 이어졌다. 관광 이야기를 나누다 보면, 대개 이 질문에서 멈춘다. 누군가는 무등산을 말했고, 누군가는 양림동을 떠올렸고, 또 누군가는 국립아시아문화전당을 이야기했다. 잠깐의 정적이 흐른 뒤, 누군가가 웃으며 말했다. "그 다음은요?"

광주 인식 FGI에서 관광을 이야기할 때, '전국 최하위권' 이라는 표현은 분노나 자조보다 오히려 머쓱한 침묵과 함께 나왔다. "못할 건 아닌데, 자신 있게 추천하긴 애매하다", "좋아하는 도시인데 여행지로 말하면 말이 길어진다", "하루는 괜찮은데 이틀은 고민된다"는 말들이 이어졌다. 그 말들에는 비난보다 설명해야 할 것이 많아진다는 부담감이 묻어 있었다.

청년 참여자는 휴대폰을 들어 SNS를 보여주며 말했다. "광주 검색하면 거의 다 먹방이에요. 그 다음 코스는 잘 안 나와요." 또 다른 참여자는 "축제 기간에는 사람이 많지만, 평소에는 관광객이 도시에 머무는 느낌이 없다"고 했다. 누군가는 "밤에 뭘 하냐고 물으면 대답이 더 어렵다"고 말했다. 관광이라는 말이 나오면 자연스럽게 따라붙는 '체류'와 '야간'이라는 단어가, 광주 이야기에서는 자주 빠져 있었다.

흥미로운 점은, 참여자 대부분이 광주에 관광 자원이 없다고 생각하지는 않았다는 것이다. 오히려 "있는데, 흩어져 있다", "좋은 장소가 점처럼 떠 있다", "연결이 안 된다"는 표현이 반복됐다. 장소의 문제가 아니라 동선과 이야기의 문제라는 인식이다. 관광객이 하루 동안 어떻게 이동하고, 어디에서 쉬고, 어디에서 머물며, 어떤 경험을 기억으로 가져가는지에 대한 설계가 보이지 않는다는 것이다.

그런데 이 지점에서 자연스럽게 다른 질문이 따라왔다. "광주에는 관광공사도 있고, 관광협회도 있고, 매년 예산도

쓰지 않나요?” 실제로 광주에는 전담 조직이 있고, 콘텐츠 개발, 홍보, 축제, 플랫폼 구축 사업이 이어져 왔다. 문제는 ‘아무것도 안 했다’가 아니라, 했는데도 왜 도시의 체감이 달라지지 않느냐는 데 있다.

FGI 전문가 그룹에서 나온 말은 이랬다. “사업은 많은데, 도시 경험을 총괄하는 주체가 보이지 않는다.” 축제는 축제대로, 전시는 전시대로, 상권은 상권대로, 교통은 교통대로 따로 움직인다. 관광은 그 사이에 끼워 넣는 항목이 된다. 그래서 관광공사가 하는 사업이 도시 운영 전체와 맞물리지 못하고, 협회가 하는 마케팅도 생활 동선과 분리된다. 결과적으로 관광은 도시 구조가 아니라 이벤트 일정 속에서만 존재하게 된다.

한 참여자는 이렇게 말했다. “사람은 오는데, 동네는 그대로예요.” 이 문장은 관광 정책의 성과를 가장 직설적으로 드러낸다. 관광객 수가 늘어도, 지역 상권과 생활 공간이 변하지 않으면 도시는 달라지지 않는다. 관광이 지역 경제와 도시 이미지에 영향을 미치려면, 방문이 아니라 체류와 소비, 재방문으로 이어지는 구조가 필요하다. 그런데 지금의 정책은 방문 숫자 관리에 더 가까운 구조라는 지적이 나왔다.

또 다른 문제는 관광과 시민 생활의 분리다. 관광객이 가는 곳과 시민이 즐기는 공간이 다르다 보니, 관광이 '특별한 날의 행사'로만 남는다. 참여자들은 "관광지처럼 느껴지는 공간이 시민 일상과 겹치지 않는다", "그래서 관광이 도시 분위기를 바꾸는 힘을 갖지 못한다"고 말했다. 관광이 생활권과 분리된 채 따로 존재하면, 시민도 관광을 자기 일처럼 느끼지 못한다. 결국 도시는 스스로를 관광 도시로 인식하지 못하고, 그 인식이 다시 외부 평가로 돌아온다.

이 지점에서 '전국 최하위권'이라는 인식은 단순한 순위 문제가 아니라, 도시가 스스로를 어떻게 쓰고 있는가에 대한 평가에 가깝다. 광주는 여전히 일하고, 거주하고, 이동하는 도시는 잘 운영되고 있지만, 머물고, 즐기고, 경험하는 도시로는 충분히 설계되지 않았다. 그래서 관광공사와 협회, 시 예산이 존재함에도 불구하고 시민의 체감은 크게 달라지지 않는다.

FGI가 던진 질문은 결국 이것이다. 광주는 관광을 산업으로 관리하고 있는가, 아니면 도시 운영의 일부로 설계하고 있는가. 전자는 행사와 홍보 중심의 접근이고, 후자는 교통, 보행, 상권, 야간 경제, 문화시설 운영까지 함께 바꾸는 접근이다. 지금의 구조는 분명 전자에 더 가깝다.

"광주는 좋은 도시인데, 여행지로는 아직 준비가 덜 된 느낌이에요." 좌담 마지막에 나온 이 말은 비판이 아니라 기대에 가까웠다. 자원이 없어서가 아니라, 도시를 경험하게 만드는 방식이 아직 만들어지지 않았기 때문이라는 판단이다. 그리고 그 방식은 관광 부서만으로는 만들 수 없다. 도시 전체의 운영 전략이 바뀌어야 한다.

광주 관광에 대한 냉정한 평가는 실패 선언이 아니라, 방향 수정 요구다. 더 많은 축제, 더 많은 홍보, 더 많은 콘텐츠를 요구하는 것이 아니라, 도시를 하나의 여행 동선으로 다시 조직할 수 있느냐는 질문이다. 이 질문에 답하지 않는 한, 관광 관련 조직과 예산은 계속 존재하겠지만, 시민의 입에서 "추천하기 애매한 도시"라는 말도 계속 반복될 것이다. 그리고 그 인식이 바뀌지 않는 한, 광주는 여전히 '좋은 도시이지만 여행지는 아닌 곳'이라는 애매한 위치에 머물게 된다.

광주전남통합이 완료될 경우, 가장 많은 정책적 고민이 관광, 그것도 체류의 문제가 크게 대두될 전망이다. 관광을 관광 그 자체에 집중하는 종전의 방식으로는 참여자들의 문제의식을 일대 전환하고 광주전남 관광산업에 고질적 한계를 극복할 수 있다는 확신이 들지 않는다. 지금의 현실을 인식하고 수용하는 데에만 머무르는 것으로는 광주전남의 미래를 견인해 갈 수 없다는 것은 이 분야에도 명약관화하다.

도시 랜드마크 전략 재설계를 어떻게 할 것인가

'랜드마크'는 흔히 도시를 대표하는 구조물이나 장소로 여겨진다. 원래 지리학·건축·도시계획에서 '랜드마크'란 도시나 지역의 위치를 쉽게 인지하게 하는 특징적 요소, 자연물이든 인공 구조물이든 방문자와 주민이 거리나 위치를 정신적으로 기억할 수 있게 하는 지점이다. 즉 도시의 정체성과 기억, 일종의 시각적 기준점 역할을 한다.

그렇다면 광주는 어떤가. FGI에서 관광과 랜드마크를 묻자, 참여자들의 답은 매우 구체적이었다. "광주를 떠올리면 가장 먼저 나오는 이미지는 뭐예요?"라는 질문에 "무등산은 있지만, 도시 자체를 대표하는 건물이나 장소가 잘 떠오르지 않는다", "아시아문화전당은 있어도 사람들이 쉽게 '광주의 랜드마크'라고 말하진 않는다", "사진 찍고 SNS에 올릴 만한 곳이 '이것!' 하고 떠오르지 않는다"는 말이 연달아 나왔다. 이 발언들은 도시의 시각적 표상과 경험이 분리되어 있다는 시민 인식을 보여 준다.

랜드마크 논의는 광주 도시사에서도 여러 차례 등장했다. 대표적인 사례가 국립아시아문화전당(ACC) 설계 과정의 논쟁이다. 2005년 국제현상설계공모에서 당선된 우규승 건축가의 '빛의 숲' 설계안은 대부분 지하 공간으로 구성되었으며, 지상은 녹지와 열린 공간으로 남겨두었다. 당시 일부는 "랜드마크 기능이 없다"고 비판하며 상징적 외형을 요구하기도 했다. 그러자 문화관광부는 전당 주변에 랜드마크 기능을 보완할 상징물을 세우자는 계획까지 제안했다.

우규승 건축가는 이러한 논쟁에 대해 인터뷰에서 "랜드마크보다 땅의 역사성이 중요하다"고 말했다. 그는 5·18 민주화운동의 최종 항쟁지였던 옛 전남도청 일대의 역사적 맥락과 무등산의 경관을 지키는 설계를 선택했다. "건물을 '보이게 하는' 데 초점을 맞추기보다는, 도시의 역사와 경험이 스며드는 공간이 진정한 랜드마크가 될 수 있다"는 취지였다.

이 발언은 대형 건축물로서의 상징적 랜드마크와 시민의 기억·역사적 공간으로서의 랜드마크를 구분하는 중요한 논점을 던진다. 광주는 외형적으로 '눈에 띄는 고층 건축물'이 적다. 그러나 무등산과 5·18 민주광장, 옛 도청 일대는 시민들에게 강한 정체성의 지점을 제공한다. 그럼에도 광주 관광을 이야기할 때는 이러한 요소들이 '랜드마크'로 작동하지 못한다는 체감이 나타난다.

FGI 참여자들은 이런 점을 여러 각도에서 해석한다. "서울이나 해외 도시처럼 누가 와서 사진 찍고 싶은 '상징적 건축물'이 부족하다", "ACC도 좋지만 외형이 눈에 띄지 않아 관광객에게 쉽게 각인되지 않는다", "야경·도심 풍경으로 '광주' 하면 떠오르는 이미지가 없다"는 말들이 나온다. 이처럼 '랜드마크 부재'에 대한 인식은 단지 상징적 구조물의 부재를 넘어서, 도시 전체의 경험설계 차원으로 읽힌다.

랜드마크는 관광에서 중요한 기능을 한다. 단순히 높은 건물이나 대형 조형물이 아니라, 도시 정체성을 상징하고 관광객의 '심리적 지도(image)'에 각인되는 요소다. Kevin Lynch의 도시 이미지 연구에서도 랜드마크는 도시 경험의 핵심 축으로, 방문자가 도시에 대한 멘탈 맵을 형성하는 데 기여한다는 점이 지적된다. 도시의 랜드마크가 강할수록 관광객은 그 도시를 기억하고 추천할 가능성이 높아진다.

그렇다면 광주가 직면한 문제는 무엇인가? FGI에서 나온 의견을 정리하면, 다음과 같다. 첫째, 광주는 자연적 랜드마크(무등산)와 역사적 장소(5·18 민주광장, 옛 도청 등)는 풍부하지만, 이를 관광 동선·콘텐츠로 통합하는 설계가 부족하다는 점이다. 둘째, ACC처럼 자원은 있어도 시각적 아이콘으로서 작동할 수 있는 구조의 인지성이 낮다는 것이다. 셋째, 도시 브랜드 측면에서는 광주만의 독특한 랜드마크를 명확히 정의하고 홍보하는 전략 부족이 반복적으로 지적됐다.

또 다른 도시와 비교해 보면, 랜드마크가 관광과 도시 정체성에 어떻게 작용하는지 알 수 있다. 서울의 동대문디자인플라자(DDP)처럼 독특한 건축적 형태와 함께 주변 상권·교통과 연결된 공간은 도시 이미지와 관광 체류 시간을 동시에 강화한다. 이러한 사례들은 랜드마크가 단독으로 존재하는 것이 아니라, 도시 기능과 결합할 때 진정한 관광 자원이 된다는 점을 보여 준다.

그렇다면 광주전남 통합을 앞둔 상황에서 '랜드마크 전략'은 어떻게 재설계되어야 할까? 첫째, 도시 전체의 스토리텔링 프레임을 재정의해야 한다. 광주는 민주·인권·평화·아시아 문화의 교류라는 분명한 정체성을 가진 도시다. 이 정체성은 단일 건축물이 아니라, 공간·역사·자연이 함께 작동하는 복합 랜드마크 네트워크로 재구성될 수 있다. 예컨대 무등산-5·18 관련 공간-ACC-문화예술 지구 등 서로 연결되는 관광 동선을 시각적·체험적 랜드마크의 연쇄로 설계하는 것이다.

둘째, 시각적 아이콘과 경험 중심 공간을 균형 있게 발전시켜야 한다. ACC 설계자 우규승의 철학처럼 단일 조형물만으로 랜드마크를 정의하지 않고도, 공간의 역사성·일상성·치유적 특성에서 출발하는 랜드마크를 만들 수 있다. 예컨대 도시 곳곳에 정체성을 시각화하는 공공예술, 조명 디자인, 스카이라인 요소 등을 전략적으로 배치해 전체 도시 풍경이 '광주 랜드마크의 경험'으로 연결되도록 할 수 있다.

셋째, 도시 브랜드 전략과 랜드마크 경험을 통합하는 것이다. 이를 위해서는 관광공사, 도시계획 부서, 지역 커뮤니티가 공동으로 콘텐츠를 제작하고 운영하는 체계를 구축해야 한다. 현재 광주 관광 관련 조직은 여러 사업을 진행하고 있지만, 랜드마크를 중심으로 한 도시 비전과 연동된 전략적 운영 체계는 분절된 상태라는 평가가 나온다.

랜드마크는 단지 '보이는 것' 이상이다. 그것은 도시 경험의 집적점이자, 기억과 연결된 상징 체계이다. 광주가 관광도시로서 더 높은 곳을 지향한다면, 단일 상징물의 존재 여부를 넘어서 도시 전체의 경험 설계(Experience Design) 차원에서 랜드마크 전략을 다시 써야 한다. 그것이 광주·전남 통합시대의 공간 전략이 될 수 있다.

광주 관광의 문제는 자원이 아니라 운영이다

광주 인식 FGI에서 역사·민주 자산을 이야기할 때 반복적으로 등장한 인식은 "자산은 강한데, 관광으로 체감되지는 않는다"는 평가다. 참여자들은 광주가 5·18이라는 분명한 정체성을 갖고 있음에도, 실제로 누군가가 방문한다고 했을 때 곧바로 떠올릴 수 있는 여행 코스나 일정이 명확하지 않다고 말했다. 이는 역사·민주 자산이 부족해서가 아니라, 해당 자산이 관광 경험으로 충분히 구체화되고 운영 언어로 정리되지 못하고 있다는 체감에서 비롯된 인식이다.

객관적 지표를 보면 광주는 역사·민주 자산이 매우 풍부한 도시다. 광주에서 5·18 민주화운동과 관련해 공식적으로 지정·관리되는 사적지의 수는 총 29곳이다. 이는 광주광역시가 1998년 1월 12일 전남대학교 정문 등 24개소를 사적지로 첫 지정한 이후, 지속적으로 확대해 현재 29개소의 사적지를 지정·관리하고 있다. 이 29곳은 전남대학교 사적1호, 광주역 광장 사적2호, 구 시외버스공용터미널 일대 사적3호, 금남로 사적4호, 구 전남도청 사적5-1호, 5·18 민주광장 사적5-2호, 상무관 사적5-3호, YMCA 사적5-4호 등 광주 전역에 걸쳐 분포하고 있으며, 특히 동구에 가장 많은 15개가 집중돼 있다. 이는 광주의 민주화 역사가 특정 시설 하나가 아니라, 도시 공간 전반에 걸쳐 구조적으로 축적돼 있음을 보여 주는 지표다.

관광 정보 차원에서도 기본적인 구성은 갖춰져 있다. 광주관광 포털에서는 '광주 역사투어' 형태로 5·18민주화운동기록관, 국립5·18민주묘지, 5·18기념공원, 5·18자유공원, 5·18민주광장, 양림동 역사문화마을, 포충사 등을 묶은 추천 코스를 제시하고 있다. 개별 장소에 대한 설명과 사진, 접근 방법도 함께 제공된다. 광주관광공사는 전일빌딩245, 5·18민주광장 등을 연계한 특화 관광상품을 시범 운영하며 체류형 콘텐츠를 확대하려는 시도도 이어 왔다. 광주관광협회 역시 관광 분류 체계에서 5·18민주항쟁을 독립된 카테고리로 두고 관련 정보를 제공하고, 기초자치단체 홈페이지에서도 민주광장과 양림동 역사문화마을, 각종 기념시설을 관광 자원으로 소개하고 있다.

이처럼 자산과 정보, 일부 상품까지 갖추고 있음에도 "활용이 미흡하다"는 평가가 반복되는 이유는 관광이 실제 방문자의 하루 일정과 체류 흐름으로 체계화되지 못하고 있기 때문이다. FGI에서 드러난 인식의 핵심은 '정보는 있는데, 여행은 설계되지 않았다'는 체감이다. 관광은 장소를 보는 행위가 아니라 시간과 동선, 휴식과 식사, 야간 활동까지 포함한 종합적 경험이다. 그러나 현재의 관광 정보는 주로 지점 중심으로 제공되며, 체류 흐름을 완성하는 운영 단계까지 내려오지 못하고 있다.

또 하나의 문제는 관광과 숙박·상권·야간 경제의 결합이 약하다는 점이다. 숙박 플랫폼이나 호텔 홍보 문구에서 역사·민주 자산은 대체로 "도보 5분 거리", "근처 관광지" 정도로 소개되는 경우가 많다. 이는 해당 자산이 체류 프로그램의 중심이 아니라 주변 정보로 소비되고 있음을 의미한다. 다시 말해 관광 자산이 숙박과 식음, 야간 활동을 끌어들이는 구조로 충분히 작동하지 못하고 있다. FGI 참여자들이 "당일치기 도시라는 느낌이 강하다"고 말한 배경에는 이러한 체류 구조의 한계가 자리하고 있다.

정보 제공 주체가 분산되어 있다는 점도 체감 저하의 원인이다. 시청은 사적지 관리와 역사적 의미를 중심으로 설명하고, 관광 포털은 추천 코스를 제시하며, 관광공사는 상품과 이벤트를 홍보하고, 문화재단은 시민 참여형 문화 프로그램을 운영한다. 각각의 역할은 필요하지만, 방문자 입장에서는 하나의 통합된 경험으로 연결되지 않는다. 동일한 장소가 서로 다른 문장과 목적 아래 소개되면서, 도시 전체의 관광 메시지가 일관되게 전달되지 못한다. 관광은 반복 노출보다 반복 이해가 중요하다는 점에서, 이 분절 구조는 체감 만족도를 낮추는 요인이 된다.

역사·민주 자산의 성격도 관광 설계를 어렵게 만드는 요소다. 5·18은 단순한 문화 콘텐츠가 아니라 기억과 추모, 교육의 의미를 함께 갖는 자산이다. 상업화에 대한 경계가 강할 수밖에 없고, 이에 따라 체험과 야간 프로그램, 체류형 콘텐츠가 충분히 확장되지 못한다. 그러나 이로 인해 방문 경험이 설명 중심에 머물면, 자산은 존중되지만 체류와 재방문으로 이어지지 않는 구조에 갇히게 된다.

이 문제를 해결하기 위해 필요한 것은 새로운 기념시설을 더 만드는 것이 아니라, 기존 자산을 중심으로 한 경험 구조를 운영 차원에서 다시 설계하는 일이다. 첫째, 5·18 사적지

29개소를 방문 난이도와 체류 시간에 따라 재구성할 필요가 있다. 초행자에게는 90분 코스, 반나절 코스, 1박2일 체류형 코스처럼 선택지를 단순화하고, 이동 수단, 해설, 식사, 휴식이 함께 안내되는 실행 가능한 일정으로 제공해야 한다. 이는 이미 존재하는 추천 코스를 실제 이용 흐름으로 구체화하는 작업이다.

둘째, 관광공사·관광협회·시청·문화재단·기초자치단체가 사용하는 관광 서사를 통합할 필요가 있다. 현재는 각 기관의 목적에 따라 동일 자산이 서로 다른 언어로 설명되고 있다. 이를 하나의 도시 경험 이야기로 묶어, 어떤 경로로 정보를 접하더라도 동일한 여행 구조가 인식되도록 해야 한다. 관광 브랜딩은 개별 홍보가 아니라 도시 전체의 경험 구조를 만드는 작업이다.

셋째, 숙박·상권·문화 공간과 연계된 체류 네트워크를 구축해야 한다. 호텔, 게스트하우스, 카페, 서점, 공연장, 투어 운영자를 묶어 역사·민주 자산을 중심으로 한 야간 프로그램과 다음 날 연계 코스를 상시 운영할 수 있는 체계를 만들어야 한다. 관광공사의 특화 코스가 시범 사업에 머물지 않고 상설 프로그램으로 자리 잡을 때, 관광은 비로소 도시 생활경제와 연결된다.

넷째, 광주·전남 행정통합을 앞둔 상황에서는 역사·민주 자산을 광역권 관광의 출발점으로 재정의할 필요가 있다. 광주는 민주·인권·문화의 서사를 담당하고, 전남은 자연·해양·정원·치유 자산을 담당하는 구조로 2~3일 체류형 루프를 설계하면, 광주는 의미의 시작과 문화의 종착점이 되고 전남은 체류와 회복의 공간이 된다. 이 경우 역사·민주 자산은 교육 관광에 머물지 않고 광역 관광 구조의 핵심 서사로 기능하게 된다.

광주가 가진 역사·민주 자산은 부족한 자원이 아니라 도시 정체성의 핵심 기반이다. 그러나 자산은 존재만으로 관광이 되지 않는다. 그것이 방문자의 하루와 밤, 다음 날의 이동까지 이어지는 경험 구조로 구현될 때 비로소 관광 자산으로 작동한다. 지금 반복되는 "활용 미흡"이라는 평가는 자산의 문제가 아니라 도시 운영 방식의 문제다. 광주 관광의 과제는 새로운 이야기를 만드는 것이 아니라, 이미 존재하는 이야기를 도시 경험으로 체계화하는 데 있다. 이 과정이 완성될 때, 광주의 역사·민주 자산은 교육과 기억을 넘어 체류와 재방문으로 이어지는 도시 자산이 될 수 있다.

밤이 비어 있는 도시, 관광도 멈춘다

광주 인식 FGI에서 야간관광 콘텐츠 부족 문제가 제기될 때마다, 참여자들은 비슷한 고민을 토로했다. "낮에는 볼거리가 있는데, 밤은 그냥 사라진다", "저녁이 되면 프로그램이 없다", "밤에 돌아다닐 이유가 없다"는 말들이 이어졌다. 광주는 역사·문화 자원도 풍부하고, 유네스코 미디어아트 창의도시라는 국제적 정체성도 갖고 있다. 그런데도 밤이라는 시간대는 관광의 문턱조차 넘지 못하고 있다는 인식이 강하다. 이런 체감의 배경을 이해하려면, 광주의 야간 콘텐츠가 어떻게 만들어졌고, 어디에서 끊겼는지 들여다볼 필요가 있다.

야간관광은 해가 진 이후의 문화·예술·소비·체험 활동이 상호 연결되는 흐름을 의미한다. 단순히 화려한 경관 조명이나 조형물을 설치하는 것이 아니라, 이 시간대가 낮과 연결된 체류형 소비로 이어지고 지역경제에 영향을 미치는 구조를 만드는 것이 핵심이다. 학술 연구에서도 야간관광 활성화는 지역 소비 증가와 고용 확대에 기여할 수 있는 중요한 요인으로 분석된다. 예컨대 김상만·정강환 (2023)의 '야간경제·관광 활성화 요인이 야간 문화재 활용에 미치는 영향에 관한 연구'[1)]는 야간 매력성, 안전성, 문화재 활용 콘텐츠, 운영 지원 등이 통합적으로 작동할 때 지역경제 활성화와 관광 콘텐츠 강화가 가능하다고 지적한다. 이는 빛이 아닌 시간과 경험의 디자인이 야간관광의 성공 요소임을 보여 준다.

광주가 야간 콘텐츠를 충분히 만들지 못했다고 평가받는 대표적인 사례 가운데 하나가 바로 예술의 거리 '루미나리에' 프로젝트다. 광주 동구는 2006년 예술의 거리 일대 300m 구간에 수억 원을 들여 루미나리에(Luminarié)라 불리는 장식용 경관조명 시설을 설치했다. 당시 이 설치는 밤거리의 분위기를 개선하고 관광객을 유치하려는 시도로 추진됐다. 그러나 곧바로 논란이 일었다. 거리의 조화와 역사적 맥락을 고려하지 않은 디자인, 전기요금과 유지비용 부

1) 『상품학연구』, 41(1), 77-85.

담, 간판을 가리는 등의 문제점이 제기됐다. 일부 상인들은 "예술의 거리의 본질과 맞지 않는다"는 의견을 내기도 했고, "수억 원의 혈세가 투입됐지만 실질적 관광 효과는 불명확하다"고 비판했다.

결국 이 루미나리에는 설치 4년만인 2010년 12월 철거됐다. 상인 여론 조사에서도 상당수가 철거에 찬성한 것으로 알려졌다. 설치 초기 기대와 달리, 루미나리에는 시간과 함께 히스토릭·상업 공감대를 얻지 못한 채 흉물화되었다는 평가가 많았다. 이 일련의 과정은 광주가 야간관광을 위해 시도한 것으로 보였지만, 정책의 지속성과 운영 전략 부족이 무엇을 의미하는지 보여 준 대표적 사례가 되었다.

이러한 단절은 FGI 참여자들이 반복적으로 지적한 "밤에 할 것이 없다"는 체감과 연결된다. 관광객이 밤에 머무르려면 단지 조명이 밝아 보이는 거리 하나만으로는 충분하지 않다. 밤이라는 시간대에도 낮과는 다른 콘텐츠, 체류, 편의, 이야기(Story)가 필요하다. 역사·민주 자산을 예로 들어도, 낮에는 기록관·기념공원·사적지 등이 체험 플랜으로 이어지는 반면, 밤에는 이 자산들을 이용자가 즐기고 소비하며 체류할 루트와 프로그램이 거의 없다. 이러한 맥락에서 FGI 참여자들은 "낮이 끝나면 도시가 멈춘다"는 진단을 내렸다.

광주는 2014년 유네스코 미디어아트 창의도시에 선정되었다. 이 정체성은 민주·인권·예술을 결합한 문화 브랜드로, 빛과 미디어를 활용한 야간 콘텐츠에 매우 적합한 자산이다. 미디어아트는 야간의 도시를 매력적으로 재구성할 수 있는 소재를 제공한다. 그러나 지금까지 이 자원을 중심으로 한 상시적이고 지속적인 야간관광 루트가 구축된 사례는 제한적이다. 미디어아트 전시가 간헐적으로 진행되거나, 특정 행사 기간에만 운영되는 수준을 벗어나지 못하고 있다. 이는 야간관광을 이벤트 중심으로만 소비하려는 경향이 여전히 남아 있음을 보여 준다.

광주·전남 통합 시대를 준비할 때 야간관광은 새로운 전략 자산이 될 수 있다. 낮에 광주 중심지의 역사·문화·미술 공간을 체험하고, 밤에는 미디어아트·공연·음식·보행 경관이 유기적으로 작동하는 체류형 루트를 설계할 수 있다면, 광주는 단 하루 방문이 아니라 1박2일 이상의 체류를 가능하게 하는 도시가 될 수 있다. 이때 핵심은 조명 그 자체가 아니라 공간·시간·경험을 이어주는 도시경영 전략이다.

야간관광이 성공하기 위한 조건은 네 가지이다. 첫째, 방문객이 안심하고 머물 수 있도록 야간 안전과 편의를 확보해야 한다. 이는 골목길 보행 환경 개선, 공공화장실·휴식공간 확보, 범죄 예방 설계 등을 포함한다. 둘째, 밤이라는 시간에 적합한 프로그램과 스토리를 만들어야 한다. 역사 자산, 공연, 미디어아트, 야시장이 결합된 스케줄이 필요하다. 셋째, 이러한 경험을 숙박·음식·상권과 연결해야 한다. 광주의 야간관광은 낮에 보고 저녁 먹고 잠만 자는 구조가 아니라, 체류 소비가 일어나도록 설계돼야 한다. 넷째, 무엇보다 지속 가능성을 담보하는 운영체계가 필요하다. 이벤트성 사업이 아니라, 기업·상인·공공이 함께 책임지는 상설 프로그램이 마련돼야 한다.

루미나리에가 철거된 이유는 단지 디자인의 문제만은 아니었다. 그것은 야간관광 콘텐츠가 지속가능한 구조로 기획·운영되지 못한 실패의 증거다. 관광은 조명 하나로 만들어지지 않는다. 밤이라는 시간의 경제를 살아 움직이게 하려면, 역사·문화·예술·상권·보행·숙박이 하나의 흐름으로 연결돼야 한다. 광주 인식 FGI에서 나타난 "밤에는 할 것이 없다"는 평가는 도시의 정책 공백을 정확히 짚은 것이다. 밤이 설계될 때, 광주는 낮과는 다른 또 하나의 매력을 가진 24시간 관광도시로 자리매김할 수 있다.

“볼 곳은 많은데, 해볼 건 없다”는 도시

광주 인식 FGI에서 ‘관광’ 이야기가 나오자, 분위기가 묘하게 가라앉았다. 누군가 이렇게 말했다. “광주에 오면 어디를 가야 하는지는 대충 아는데, 뭘 해봐야 하는지는 잘 모르겠어요.” 곧바로 다른 사람이 말을 받았다. “맞아요. 사진 찍고 끝이지, 기억에 남는 경험은 별로 없어요.” 또 다른 참여자는 “아이 데리고 갈 만한 체험 코스가 딱 떠오르지 않는다”고 했다. 장소는 많은데, 하루를 어떻게 보내야 하는지는 잘 안 그려진다는 말들이 겹겹이 쌓였다.

이 말들은 단순히 관광지가 부족하다는 불만이 아니다. “볼 건 있는데, 해볼 건 없다”는 체감에 가깝다. 한 참여자는 이렇게 표현했다. “광주를 설명할 때 민주, 예술, 음식 이야기는 많이 하는데, 막상 와서 직접 해보라고 하면 애매해져요. 어디 가서 뭘 해야 할지 딱 떨어지는 게 없어요." 관광 정보는 검색하면 넘쳐나지만, 실제 여행 일정으로 묶어주는 설계가 부족하다는 뜻이다.

왜 이런 느낌이 생길까. FGI에서 관광 관련해 자주 거론되는 말은 '흩어져 있다'는 표현이었다. "전당 따로, 양림동 따로, 시장 따로, 맛집 따로라서 하루에 다 연결이 안 돼요." "동선이 애매해서 차 타고 여기저기 옮겨 다니다 보면 그냥 피곤해져요." 관광지가 점처럼 흩어져 있고, 그 점들을 이어주는 선이 없다는 인식이다. 그래서 결국 "그냥 한두 군데 보고 밥 먹고 끝"이 된다.

청년 참여자들의 말은 더 직설적이었다. "광주는 콘텐츠 도시라고 말하는데, 체험은 거의 이벤트성 같아요. 축제 때만 잠깐 있고, 평소에는 할 게 없어요." "SNS에 올릴 만한 체험 콘텐츠가 없어요. 사진은 찍을 수 있는데, 스토리는 없어요." 관광이 '보는 것'에서 '하는 것'으로 바뀌고 있다는 걸, 이들은 체감으로 먼저 말하고 있었다.

가족 단위 참여자들도 비슷했다. "아이랑 갈 수 있는 체험형 코스가 있으면 좋은데, 박물관도 잠깐이고, 체험은 예약도 복잡하고요." "하루 종일 즐길 수 있는 테마가 없어요. 반나절도 채우기 힘들어요." 결국 여행은 '시간을 어떻게 채우느냐'의 문제인데, 광주는 그 시간표를 대신 짜주지 못하고 있다는 평가다.

이쯤 되면 "체험형 관광 코스가 없다"는 말은 관광 인프라가 없다는 뜻이 아니라, 도시가 여행자의 하루를 책임지지 못하고 있다는 뜻에 더 가깝다. 어디를 가든 알아서 즐기라는 방식은, 요즘 관광 흐름에서는 점점 힘을 잃고 있다. 사람들은 이제 장소보다 경험을 기억하고, 경험이 다음 방문을 만든다.

전남 쪽 사례를 보면, 체험형 관광이 왜 중요한지 더 선명해진다. 예를 들어 곡성 기차마을은 그냥 공원이 아니라, 실제 증기기관차를 타고 움직이는 경험 자체가 관광 상품이다. 담양은 정원을 '보는 곳'이 아니라, 천천히 머물며 걷고 쉬는 체류형 여행으로 묶는다. 여수는 바다를 배경으로 요트, 카약 같은 해양 체험이 관광의 중심에 있다. 순천은 아예 마을에 머물며 로컬 일상을 경험하는 프로그램을 운영한다. 공통점은 하나다. "여기 가면 이걸 해본다"가 분명하다.

최근 몇 년 사이 전남에서 주목받았던 '강해영 프로젝트'도 비슷한 구조다. 강진·해남·영암을 묶어 먹거리, 농가 체험, 역사 사산, 자연 풍경을 하루 일정 안에 넣는다. 관광지는 많지만, 그걸 여행으로 엮어주지 않으면 소비로 이어지지 않는다는 걸 전제로 한 기획이다. 중요한 건 장소보다 일정이다. 어디를 가느냐보다, 어떻게 하루를 보내느냐가 먼저 설계된다.

반면 광주는 여전히 '명소 안내' 중심에 머무는 경우가 많다. FGI 참여자 한 명이 이렇게 말했다. "광주 관광 홈페이지 보면 추천지는 많은데, 막상 그대로 따라가면 하루 코스가 안 돼요. 중간에 쉬고, 먹고, 체험하는 게 빠져 있어요." 또 다른 사람은 "예약해서 참여하는 프로그램이 적어서 그냥 걷다 오는 여행이 된다"고 했다. 그러니 기억에 남기 어렵고, 다시 오고 싶은 이유도 약해진다.

광주가 가진 자산을 떠올리면, 체험형 관광으로 바꿀 수 있는 소재는 오히려 넘친다. 5·18 사적지는 단순한 표지판이 아니라 이야기와 기록, 사람의 목소리가 있는 공간이다. 미디어아트 창의도시는 밤과 빛, 소리와 움직임을 체험으로 만들기에 적합한 조건이다. 남도 음식은 먹는 데서 끝나지 않고 장보기, 만들기, 담그기 같은 과정으로 확장할 수 있다. 양림동과 예술의 거리는 골목, 공방, 공연, 사진 체험으로 충분히 묶을 수 있다. 문제는 자원이 아니라, 이 자원들을 손으로 해보게 만드는 설계가 부족하다는 점이다.

FGI에서 나온 말 가운데 가장 인상 깊었던 표현은 이것이었다. "광주는 설명은 많은데, 체험은 적어요." 도시가 스스로를 말하는 언어와, 여행자가 몸으로 느끼는 언어 사이에 간극이 있다는 뜻이다. 관광 브로슈어에는 민주와 예술이 넘치지만, 실제 일정표에는 카페와 식당만 남는다. 이 간극이 계속 쌓이면, 도시는 '의미 있는 곳'일 수는 있어도 '재밌는 곳'으로는 기억되지 않는다.

체험형 관광 코스를 만든다는 건, 단지 프로그램 몇 개를 추가하는 문제가 아니다. 예약, 이동, 식사, 휴식, 다음 장소까지 이어지는 흐름을 하나의 상품으로 묶는 일이다. 그리고 그 과정에서 상권과 숙박, 지역 주민의 역할까지 함께 설계해야 한다. 관광은 결국 도시의 생활 구조와 맞물릴 때 지속된다.

광주·전남 통합을 이야기하는 지금, 체험형 관광은 더 중요해진다. 낮에는 전남의 자연과 농촌, 해양에서 몸을 쓰고, 밤에는 광주의 문화와 예술, 역사 속에서 머무는 구조를 만들 수 있다면, 관광은 하루짜리 방문이 아니라 체류형 여행이 된다. 이때 광주는 출발지이자 종착지가 될 수 있다. 그러나 그 역할을 하려면, 광주 내부에서부터 체험형 관광의 기본 구조가 먼저 작동해야 한다.

FGI 참여자들의 말은 결국 한 문장으로 정리된다. "광주에 오면 어디 가야 할지는 알겠는데, 뭘 해봐야 할지는 잘 모르겠다." 이 말이 바뀌지 않는 한, 관광 통계와 예산이 아무리 늘어도 체감은 달라지기 어렵다. 체험형 관광 코스는 선택이 아니라, 이제는 도시 경쟁력의 기본 조건이 되고 있다. 광주가 다음 단계로 가기 위해 필요한 건 새로운 랜드마크보다, 하루를 살아보게 만드는 여행 설계다. 그것이 관광을 살리고, 상권을 살리고, 도시의 기억을 남기는 가장 현실적인 출발점이라고 본다.

통합하게 될 경우 광주가 갖고 있는 관광분야의 강점과 약점을 분석하는 동시에 전남 관광의 강점과 약점을 정밀분석하는 작업을 통해 강점을 강하게, 약점은 보완하는 방향의 정책 방향이 바로 서야 할 것이다. 이를 통해 양 시도간의 그동안의 정책을 절충할 부분은 절충하고, 고유성과 정체성을 강화할 부분이 있다면 도시경영적 측면에서 과감한 선택과 집중이 요구된다 하겠다.

쇼핑몰이 생기면,
우리 동네는 정말 좋아질까

FGI에서 쇼핑몰 이야기가 나오던 순간을 나는 이렇게 기억한다. 찬반으로 갈라져 싸우는 분위기라기보다, 한쪽에서는 기대를, 다른 한쪽에서는 피로를 먼저 꺼냈다. 말들이 서로 다른 방향으로 튀는 듯했지만, 끝내 하나의 질문으로 모였다. "그게 정말 우리 동네를 좋게 만드나?"

누군가는 솔직하게 말했다. "광주가 너무 심심하잖아요. 주말에 갈 데가 없어요. 젊은 사람들한테는 더 그래요." 다른 참여자는 바로 덧붙였다. "맞아요. 그런데 쇼핑몰만 생기면 뭐가 달라져요? 차 막히고, 주변 상권만 더 힘들어지는 거 아닌가요?" 또 다른 사람은 기대를 이야기했다. "서울까지 안 가도 된다면 그 자체로 큰 변화죠. 가족 단위로 하루 보내기

엔 확실히 편해질 거예요." 그러자 반대편에서 이런 말이 나왔다. "그럼 그 편함 때문에 동네 가게들이 사라지면요? 우리는 어디로 가요?"

나는 이 장면이 광주 쇼핑몰 논쟁의 핵심을 가장 정확하게 보여준다고 본다. 시민들은 '대형 건물' 자체를 찬양하거나 혐오하는 게 아니라, 그 프로젝트가 도시의 체감 삶을 어떻게 바꾸는지에 더 민감하다. 그래서 시민의 언어는 이렇게 나온다. "주말이 좀 재밌어지면 좋겠다." "그런데 결국 돈은 밖으로 빠지는 거 아니냐." "골목은 더 비싸지고, 남는 건 프랜차이즈뿐이 되는 거 아니냐." "일자리가 생겨도 내 아이가 할 만한 일자리는 아니지 않냐." 이 말들은 감정이 아니라 도시경영의 '점검표'다.

FGI에서 특히 인상 깊었던 건 '노잼도시'라는 단어가 단순한 유행어가 아니라 생활감정으로 작동한다는 점이었다. "데이트할 데가 없어서 결국 다른 지역으로 간다", "밤에 뭐라도 하려면 선택지가 너무 얕다" 같은 말은 쇼핑몰을 '관광시설'이 아니라 '생활시설'로 보게 만든다. 쇼핑몰을 지지하는 참여자들은 대체로 이렇게 말한다. "있는 걸 부정할 수는 없어요. 사람들은 편한 데로 가요." "광주에 없으니 밖으로 빠져나가는 거죠." 이들은 쇼핑몰을 '유출을 막는 댐'처럼 이해한다.

반대로 우려의 목소리는 '유출'이 아니라 '침식'에 가깝다. "그게 들어오면 주변 임대료부터 오른다", "이미 공사만 해도 상권이 흔들리는데 더 큰 덩어리가 오면 버티겠냐", "도심이 쇼핑몰 중심으로 재편되면 골목은 단순 배후로 전락한다" 같은 말이 이어졌다. 어떤 참여자는 아주 구체적으로 말했다. "사람들이 쇼핑몰 안에서 다 해결하면, 동네에 돈이 안 떨어져요. 밖으로 나와서 밥 먹고 걷고 커피 마시고… 그런 흐름이 없으면 그냥 '거대한 섬'이에요." 이 표현은 정책적으로도 결정적이다. 쇼핑몰이 도시를 살리느냐 죽이느냐는 규모가 아니라 밖으로 연결되는 구조에서 갈린다.

도시경영 관점에서 쇼핑몰 중심 관광 전략의 가장 큰 허점은 "관광을 건물로 착각하는 것"이다. 관광은 '시설의 존재'가 아니라 '이동과 체류의 설계'다. 쇼핑몰 하나로 사람들이 오더라도, 그 사람들이 어디에서 숙박하고, 어디에서 저녁을 먹고, 어느 골목을 걷고, 어느 문화공간으로 이동하느냐가 없으면 관광은 체류로 바뀌지 않는다. FGI의 말로 바꾸면 이렇다. "왔다가, 안에서 끝나고, 그냥 간다." 쇼핑몰은 관광의 시작점이 될 수 있어도 종착점이 되면 도시경제에 남는 것이 얇아진다.

두 번째 허점은 '지역 환류'를 숫자로 관리하지 않는 것이다. 시민들은 이미 감으로 알고 있다. "매출이 크다"와 "동네가 좋아진다"는 다르다. 그래서 이제 광주는 쇼핑몰을 유치했느냐 못 했느냐가 아니라, 쇼핑몰을 통해 생기는 돈의 흐름이 지역에 남는지 빠지는지를 관리해야 한다. 예컨대 지역에서 조달하는 비율, 지역 소상공인 입점·협업 비율, 지역 청년의 정규직·경력형 일자리 비율, 상권으로 퍼지는 야간 이동량 같은 것들이 '성과지표'가 되어야 한다. 시민들이 원하는 건 홍보 문구가 아니라 "우리 동네에 실제로 뭐가 남았냐"는 답이다.

세 번째 허점은 임대료와 골목 생태계에 대한 선제 대응이 없다는 점이다. FGI에서 상권을 걱정한 사람들은 하나같이 "임대료가 오르면 끝"이라고 말했다. 이건 과장이 아니다. 골목의 콘텐츠는 '사람'이 만들지만, 그 사람이 버틸 수 있는 건 '공간 비용'이 결정한다. 쇼핑몰이 상권을 흡수하느냐의 문제 이전에, 쇼핑몰로 기대감이 커지는 순간 투기적 임대료 상승이 골목을 먼저 흔든다. 그래서 도시경영은 쇼핑몰 오픈 이후가 아니라, 발표 단계부터 임대료 급등 구간을 모니터링하고 완충 장치를 준비해야 한다. 상생협약을 '선언'으로 끝내지 않고, 임대료·공실·업종 다양성 데이터를 기반으로 개입하는 체계가 필요하다고 본다.

여기서 중요한 전환이 하나 있다. 쇼핑몰은 '관광정책'이 아니라 '도시운영정책'으로 다뤄야 한다는 점이다. 관광 부서만의 일이 아니라 교통, 상권, 주거, 문화, 청년, 야간경제가 동시에 걸린다. 쇼핑몰 찬반을 가르는 싸움이 길어질수록 시민은 더 피곤해지고, 정작 필요한 도시경영의 질문은 사라진다. 질문을 바꾸어야 한다. "있어야 하나, 말아야 하나"가 아니라 "있다면 어떻게 해야 우리 것이 되느냐"로.

광주·전남 통합을 염두에 두면 이 질문은 더 커진다. 광주의 쇼핑몰이 '광역권 소비의 종착지'가 되면 전남의 체류형 관광과 충돌할 수 있다. 반대로 쇼핑몰이 '광역권 여행의 관문'이 되면 이야기가 달라진다. 쇼핑몰을 들렀다가 전남으로 이어지게 만들 것인지, 전남에서 머문 사람들이 광주에서 밤을 보내게 만들 것인지, 이 연결이 설계되면 쇼핑몰은 관광을 갉아먹는 블랙홀이 아니라 광역관광의 허브가 될 수 있다. 결국 도시가 해야 할 일은 건물을 자랑하는 것이 아니라, 사람들의 동선을 '밖으로' 흘려보내는 설계다.

FGI에서 누군가 마지막에 이런 말을 했다. "저는 찬성도 반대도 아니고요, 딱 하나만 보고 싶어요. 정말 우리 동네가 좋아지는지." 이 문장이야말로 광주가 쇼핑몰을 다루는 기준이 되어야 한다. 쇼핑몰을 도시의 새 출발점으로 삼겠다면, 도시가 증명해야 할 것은 화려한 조감도가 아니다. 상권이 버티는지, 임대료가 폭주하지 않는지, 골목이 살아나는지, 청년의 선택지가 늘어나는지, 밤이 길어지는지—그 변화가 시민의 삶에서 확인되는지다. 쇼핑몰은 도시의 미래가 아니라, 도시경영의 실력 시험대다. 이제 광주는 그 시험을 '찬반의 언쟁'이 아니라 '환류의 설계'로 풀어야 한다.

군공항 이전,
합의가 끝이 아니라
시민과 함께 현실로 만드는 과정이다

광주 인식 FGI에서 가장 눈에 띄는 평가 중 하나는 '군공항 이전 필요성에 대한 시민 공감이 낮다'는 현실 인식이다. "소음 문제는 알지만, 이전을 왜 해야 하는지, 그래서 무엇이 달라지는지 잘 모르겠다." "무안 이전에 대한 구체적 혜택이나 보상이 불투명하다." "정책 논의는 오래 이어졌지만 정작 내 삶에는 어떤 변화가 오는지 피부로 와닿지 않는다." 이런 목소리는 정책 자체에 대한 반감이 아니라 투명한 소통과 실체적 구현 계획이 부족한 데서 비롯된다.

이 같은 시민 체감의 공백을 해소하기 위한 정부 차원의 큰 전환점이 있있던 날이 있다.

2025년 6월 25일, 국립아시아문화전당에서 열린 '광주·전남 시민과의 타운홀 미팅'에서 이재명 대통령이 직접 군공항 이전 문제를 현장에서 다뤘다. 이 자리에서 그는 "광주 군공항 이전 문제에 대한 의견을 직접 듣고 싶다"며 시민과 직접 소통할 뜻을 밝히며 현장 질문을 허용했다. 이는 취임 후 약 3주 만에 광주에서 열린 첫 타운홀 미팅이라는 점에서도 의미가 컸다.

이날 타운홀 미팅에서 이 대통령은 군공항 이전 논쟁에 대해 "지역 간 상호 불신이 존재한다는 것을 확인했다"고 말하며, "이 문제는 국가가 책임지고 해결해야 할 사안이다. 정부가 주도해 해법을 찾겠다"고 선언했다. 그 연장선에서 대통령은 대통령실 산하의 TF(Task Force) 구성을 지시했다. 이 TF는 국방부·기획재정부·국토교통부와 함께 광주시·전남도·무안군이 참여하는 6자 협의체로 구성되어 본격적인 논의 구조를 마련했다.

이 발언과 TF 구성 지시는 단순한 '공식 발표'가 아니었다. 당시 보도에 따르면 광주·전남 주민·지자체 대표뿐 아니라 일반 시민이 질문하고, 대통령이 직접 답변하며 쌍방향 소통 방식으로 진행되었다. 이 과정을 통해 이전 논쟁은 중앙정부가 일방적으로 추진하는 사업이 아니라 지역 주민의 의견을 정책 설계에 반영하는 장으로 전환되고 있다.

그 후 6개월여 만인 2025년 12월 17일, 광주시·전남도·무안군·중앙정부가 모인 6자 협의체는 군·민간공항을 무안국제공항으로 통합 이전한다는 내용의 합의에 공식 서명했다. 이 합의는 국토교통부, 국방부, 기획재정부도 참여해 이전 절차와 지원 방안을 명시한 것으로, 이전 문제의 구체적 로드맵을 마련한 첫 진전으로 평가된다.

합의문에는 총 1조원 규모의 지원 펀드 조성, 산업단지 지정 및 기업 유치 계획, 국가 항공 행정체계 정비 등의 항목이 포함됐다. 또한 이전 일정은 2027년 광주민간공항의 이전과 호남고속철도 2단계 개통 시점을 맞추는 방향으로 설계돼 있다.

이와 관련해 이재명 대통령도 자신의 페이스북을 통해 "뜻이 있는 곳에 길이 있었다"고 평가했다. 그는 "이 논쟁은 중앙정부와 지방정부가 칸막이를 허물고 지역 목소리를 존중하며 함께 해법을 찾은 매우 뜻깊은 성과"라고 밝혔다. 특히 "이번 사안이 현 정부 출범 이후 첫 타운홀 미팅에서 제기된 현안이었다는 점에서 각별한 의미가 있다"고 강조했다.

이 대통령이 타운홀 미팅과 이후의 과정에서 반복해서 강조한 내용은 다음과 같다.

직접 귀를 열고 현장의 의견을 듣는 것이 무엇보다 중요하다는 점.

중앙정부가 정책의 주도권을 갖고 실질적인 해결을 모색하겠다는 약속.

지방정부와의 협력, 특히 광주시·전남도·무안군과의 신뢰 구축이 해결의 핵심이라는 점.

이 같은 흐름은 군공항 이전 논의가 단순한 행정 이슈가 아니라 시민과 중앙, 지방이 함께 책임지는 정책 모델로 바뀌어야 한다는 방향성을 보여 준다. 이전 논쟁은 이제 합의 자체에 머무르지 않고, 실행계획, 주민투표 절차, 소음 피해 보상, 종전 부지 개발, 광역 교통망 연계 같은 실질적인 과제를 하나씩 구현할 단계로 접어들고 있다.

물론 이 과정에서 시민의 불안과 의문은 여전히 남아 있다. FGI에서 반복된 "정책이 나를 위한 것인지, 내 삶에 어떤 변화가 오는지 모르겠다"는 질문은, 합의문 한 장으로 해소되지 않는다. 이제는 그 합의가 실행으로 실체화되는지, 그리고 시민의 삶과 도시 구조가 어떻게 달라지는지를 명확하게 보여 주어야 한다.

광주·전남 행정통합 논의 속에서 군공항 이전은 더욱 중요한 전략적 조건이 된다. 통합이 성사된다면 공항 기능, 산업

배치, 교통 인프라, 주민지원 제도가 광역 전략으로 함께 설계될 수 있다. 통합 논의와 이전 논의가 서로 영향을 주며 정책의 '완결성'과 '시민 체감'을 높이는 방향으로 나아갈 때, 비로소 이전 논쟁은 정책의 끝이 아니라 새로운 지역 발전의 출발점이 될 것이다.

군공항 이전 문제는 지금까지 오래된 난제였지만, 타운홀 미팅과 이후의 합의 과정을 통해 한 단계 진전됐다. 그러나 그 진전은 "시민의 삶을 어떻게 바꿀 것인가"라는 질문 앞에서 다시 평가받아야 한다. 나는 이 질문을 정책 최우선에 놓고, 시민과 함께 답을 찾아 나갈 것이다.

광주·전남 행정통합이 문자 속에 들어 있는 광주와 전남 사이의 가운뎃점 하나를 빼는 것처럼 간단한 문제가 아니기에 현장에서 다양한 우려의 목소리, 주민투표의 목소리 등이 쏟아져 나오고 있는 것도 사실이다. 하지만 군공항 이전의 경우만 보더라도 최초의 문제제기 이후 시간이 충분하지 못해, 소통이 부족해서 이전이라는 숙원과제를 못 풀어낸 것이 아니다. 시간이 문제가 아니고, 의지이고 책임이며, 이를 견인하는 집중력 높은 리더십에 의해 새로운 시대를 개척하겠다는 결단력 있는 실행력이 관건이다. 통합의 신호가 켜졌을 때 기차처럼 내달리는 힘이 필요하다.

"하늘길이 막히면 생활도 멈춘다"

— 국제선 불편과 광주교통의 새로운 설계

"가족 해외여행을 가려면 인천·김해까지 가야 한다", "출장 전후 시간이 너무 많이 걸린다", "국제 학술대회나 교환학생 프로그램 참여가 어렵다"는 목소리가 반복됐다. 광주 인식 FGI에서 공통적으로 나온 불만 중 하나는 국제선 부족과 이동 불편이다. 이는 단순한 감상이 아니라, 광주·전남 지역 이동권의 구조적 결함을 드러낸다.

현재 광주공항은 국내선만 운항하고 있으며 국제선 기능은 무안국제공항으로 이전된 채 장기간 사실상 제대로 활성화되지 못하고 있다. 이런 구조는 시민들에게 해외 이동의 시간·비용 부담을 가중시키고 있다. 그래서 FGI 참여자들은 "광주공항에서 바로 국제선이 있어야 한다", "KTX·항공 연결이 매끄럽지 않다"고 구체적으로 호소했다. 이러한 의견은 단지 개인 불만이 아니라 생활권 이동의 질에 관한 문제 제기다.

광주와 수도권을 연결하는 KTX 호남선 문제는 이런 맥락에서 중요하다. 광주는 국제선을 직접 운용하지 못하기 때문에, 인천·김해공항으로 이동하기 위한 육상교통의 편리성이 해외 이동권을 결정짓는 요소가 됐다. 그런데 그동안 호남선 KTX는 좌석 부족과 운행 횟수 부족으로 시민 불편이 컸다. 추석 등 대이동 시기에는 주말 증편이 단 1회인 데 비해 경부선은 21회나 늘어나는 등 지역 간 차별이 심각했다. 이를 두고 "광주발 KTX 표를 구하는 것이 하늘의 별 따기"라는 표현까지 나왔다. 나는 국회의원으로서 이 문제를 해결하기 위한 방법을 찾기 위해 강한 드라이브를 걸었다.

나는 이 문제를 단순한 구조적 불편이 아니라 정책적 불균형의 문제로 보고, 국회에서 지속적으로 대응해 왔다. 특히 2025년에는 국회 국토교통위원회 소속 의원으로서 예산

심사 과정과 정부 부처 협의에서 KTX 호남선 증편의 기반을 마련하겠다는 목표로 움직였다. 그 결과 정부예산에 '호남선 KTX 증편을 위한 변전소 개량 사업비 100억 원'을 최종 반영하는 성과를 냈다. 이는 증편의 기술적 기반을 마련한다는 점에서도 의미가 크다.

이 예산 반영은 광주시·지방정부와 지역 정치권이 함께 요구해 온 결과이기도 하다. 광주시는 2025년 9월 광주송정역 앞에서 광주시·5개 구청장이 참가한 'KTX 호남선 증편 촉구 결의대회'를 열며 불균형 해소를 호소했다. 이후 나는 국회 예산심사 과정에서 변전소 개량의 필요성을 강조하며, 향후 청룡열차 두 대 연결 운행 등 좌석 공급 확대를 위해 전력 인프라 개선의 시급성을 제기했다. 이런 논의는 단지 편수 숫자를 늘리는 것을 넘어 열차 구성 자체를 강화하는 기반 마련으로 이어졌다.

또 다른 중요한 진전은 운행 구간 확대다. 호남선 KTX가 2015년 개통 이후 약 10년 만에 증편되는 결정을 이끌었고, 두 편이 광주송정역까지 연장 운행하기로 확정했다. 이는 용산과 익산을 오가던 기존 일부 KTX 산천 열차를 광주송정역까지 연장하는 것으로, 광주 시민들의 선택지를 확대한 것이다. 이 증편은 실질적으로 수도권과 광주 간 연결성을 강화하는 조치로, 국제선으로 가는 첫 육상 단계에서 중요한 진전으로 평가된다.

이 같은 성과가 보도되자 광주 언론과 주민들 사이에서는 긍정적인 반응이 나왔다. 한 지역 기사 댓글에는 "KTX 편이 늘어나면서 서울 인천공항 접근이 조금은 수월해졌다"는 평가가 쓰였다. 하지만 다른 네티즌들은 "증편이 이뤄졌지만 여전히 좌석 부족이 있다", "주말·명절에는 여전히 예매 전쟁"이라는 현실적 불편을 함께 지적했다. 이러한 다양한 의견은 단지 성과를 자축할 것이 아니라 지속적으로 개선해야 할 부분이 남아 있음을 보여 준다. 이런 과정에서 나는 상임위 활동을 200% 활용해 지역민들이 광주에서 삶의 질이 바뀌지 않는다는 강한 불만을 정준호를 통해 효능감이 극대화될 수 있도록 뛰고 있다. 이런 활동들이 속속 현실적인 결과를 얻어낼 때 쌓였던 피로를 잊는다.

이와 같은 육상교통 개선 노력은 국제선 부족과 맞물린 이동 불편 문제의 한 축을 이루고 있다. 광주공항 자체의 국제선 기능 복원은 여전히 숙제로 남아 있다. FGI 참여자들은 "광주공항에서 직접 인천공항으로 가는 직항로가 있었으면 좋겠다", "KTX와 항공이 자연스럽게 연계돼야 한다"는 목소리를 내기도 했다. 이런 요구는 단지 의견 수준이 아니라 이동권의 현실적 요구를 반영한다.

무안국제공항도 2007년 이후 광주·전남권 국제선을 담당해 왔지만, 2024년 '12·29 무안공항 제주항공 참사여객기 참사'와 연계된 운영 중단 여파로 인해 공항 기능이 사실상 중단된 채 장기화됐다. 이로 인해 광주시민들은 다시 인천·김해공항으로 이동해야 하는 현실에 직면했다. 이러한 구조는 해외 이동권을 약화시키고, 지역 경쟁력을 떨어뜨리며, 청년·중장년의 경제·문화 활동에도 부담을 주고 있다. 따라서 KTX 증편과 같은 육상교통 개선은 국제선 복원과 결합돼야 한다는 요구가 나온다.

이런 현실을 종합해 보면, 단일 교통 수단의 개선만으로는 부족하다. 그래서 나는 향후 광주·전남 행정통합 이후의 교통망 설계를 재구조화할 필요가 있다고 본다. 그것은 다음 세 가지 축을 원스톱으로 관리하는 통합 행정망 구축이다.

첫째, 육상교통(KTX·시외철도·버스): 수도권 및 국제공항 접근을 위한 열차 서비스 확대, 공항 셔틀 연계 강화, 광주광역권 내 도시철도와 고속철도 간 연계 개선 등이다.

둘째, 해상교통(항만·연안 연결): 전남의 연안·관광 거점과 광역철도를 연계해 항공·철도·해상 이동을 유기적으로 결합한다.

셋째, 항공교통(국제선·국내선): 광주공항과 무안국제공항의 기능 통합, 국제선 노선 다양화, 해외 허브 공항과의 직항 연결 확대 등을 추진한다.

이 세 축을 유기적으로 설계할 때, 광주·전남 주민들은 국내외 이동에서 불편함을 줄이고 생활의 질을 높일 수 있다. 특히 광주공항에서 인천공항으로 가는 직항로 요구는, 미래 광역 교통망 설계의 중요한 방향성을 제시해 준다. 국제선 복원은 단순한 편의가 아니라 지역 경쟁력의 핵심 소선이며, 이를 뒷받침할 육상·해상 연계 체계를 통합적으로 구축하는 것이 중요하다.

국제선을 제외하고 국내 이동만 바라봐도, KTX 증편과 운행 구간 확대는 시민 이동권 향상의 의미 있는 진전이다. 그러나 그것이 끝이 아니라 총체적 이동권 설계의 출발점이 돼야 한다. 나는 앞으로도 이 방향으로 정책을 설계하고, 행정통합 시대의 교통 전략을 시민과 함께 만들어 나갈 것이다.

공항이 멀어질수록,
도시는 더 작아진다

광주 인식 FGI에서 국제선 부족과 이동 불편에 대한 불만이 반복해서 나왔다. "해외 한 번 나가려면 인천이나 김해까지 가야 한다", "출장 하루가 더 걸린다", "광주공항은 왜 이렇게 쓸모가 없느냐"는 말이 이어졌다. 이 목소리는 단순한 여행 불편을 넘는다. 시민들은 지금 자신의 도시가 바깥과 연결되는 방식에 대해 답답함을 느끼고 있다.

광주공항은 현재 국내선만 운영한다. 국제선은 2007년 무안국제공항으로 이전된 뒤 사실상 활성화되지 못했고, 최근에는 무안공항 운영 중단까지 겹치며 호남권 하늘길은 더 좁아졌다. 시민 입장에서는 선택지가 사라진 것이다. 결국 해외에 나가려면 인천이나 김해까지 육상교통을 타고 이동해야 한다. 이 과정에서 시간, 비용, 체력 부담이 모두 늘어난다. FGI 참여자들이 "광주는 늘 한 단계 더 이동해야 하는 도시"라고 표현한 이유가 여기에 있다.

그동안 광주에서는 이 문제를 놓고 많은 논의가 있었다. 시민사회는 국제선 임시취항을 요구했고, 일부 정치권과 시의회에서는 실효성 없는 보여주기식 정책이 될 수 있다는 비판도 나왔다. 광주시는 군공항 이전과 종전부지 개발을 전담하는 조직을 새로 만들고, 장기적 도시 전략을 다시 짜겠다고 밝혔다. 학계와 시민단체는 종전부지를 대규모 숲과 기후대응 공간으로 활용하자는 대안도 제시했다. 논의는 다양했다. 그러나 시민들이 체감하는 변화는 거의 없었다.

이 상황을 '활용 전략 부재'라고 부르는 이유는 단순하다. 공항 하나를 어떻게 할지에만 매달렸지, 시민의 이동권 전체를 어떻게 설계할지에 대한 큰 그림이 없었기 때문이다. 공항은 교통의 시작점일 뿐이다. 공항으로 가는 길, 공항에서 다시 이동하는 길, 환승의 불편, 짐을 들고 이동하는 현실까지 함께 묶어야 이동권이 완성된다. 그러나 정책은 공항과 철도, 버스, 관광, 도시개발을 따로따로 다뤄 왔다.

그래서 국제선 임시취항 논의도 시민들 사이에서 반응이 엇갈렸다. "당장 편해질 수 있다"는 기대와 함께 "몇 달 하고 끝나는 행사 아니냐"는 냉소가 동시에 나왔다. 임시취항이 정말 의미 있으려면, 그 자체가 목적이 아니라 향후 공항 체계 개편과 교통 연계 개선으로 이어지는 실험이 되어야 한다. 어느 노선이 수요가 있는지, 계절별 차이는 어떤지, 연계 교통은 얼마나 개선되는지를 데이터로 남겨야 한다. 그렇지 않으면 시민들은 또 한 번 정책 이벤트만 봤다고 느끼게 된다.

광주공항 종전부지 논의도 마찬가지다. 이전이 결정되면 개발을 시작하겠다는 접근으로는 늦다. 이미 지금부터 그 공간이 어떤 도시 기능을 가질지 설계해야 한다. 대규모 주거 단지인지, 산업·연구 단지인지, 기후 대응 녹지인지, 문화·관광 공간인지가 교통 전략과 함께 맞물려야 한다. 종전부지는 단순한 땅이 아니라 도시 구조를 다시 짜는 열쇠다. 개발만 앞세우면 또 하나의 교통 혼잡 지역만 늘어날 수 있다.

최근 광주·전남 행정통합 논의가 본격화되면서 이 문제는 더 중요한 국면에 들어섰다. 통합이 되면 공항 문제는 한 도시의 불편이 아니라 광역권 이동 체계의 핵심이 된다. 무안공항, 광주공항, 수도권 공항을 어떻게 연결할 것인지, KTX와 시외버스, 도시철도를 어떻게 연계할 것인지가 동시에 설계돼야 한다. 이때 필요한 것은 단발성 사업이 아니라 상설 행정망이다. 항공, 철도, 버스, 항만을 함께 조정하는 광역 이동권 관리 체계가 있어야 정책이 지속된다.

시민들이 FGI에서 느끼는 답답함의 본질은 단순하다. "우리는 왜 항상 더 돌아가야 하느냐"는 질문이다. 해외에 나갈 때, 큰 공연이나 전시에 갈 때, 국제 회의에 참석할 때, 광주는 늘 추가 이동이 필요하다. 이 불편이 쌓이면 도시는 점점 작게 느껴진다. 젊은 세대는 더 빨리 떠나고, 기업과 행사는 더 쉽게 다른 도시를 선택한다. 이동권은 곧 도시 경쟁력이다.

그래서 이제 필요한 것은 '공항을 살릴 것인가, 옮길 것인가'라는 이분법이 아니다. 시민의 이동 전체를 어떻게 설계할 것인가라는 질문이다. 해외 출국까지 걸리는 평균 시간, 환승 횟수, 주말과 성수기 좌석 확보 가능성 같은 지표를 정책 성과로 관리해야 한다. 그래야 시민도 정책의 변화를 체감할 수 있다.

광주공항 활용 전략은 더 이상 미룰 수 없는 도시 과제다. 임시 국제선이든, 무안공항 통합이든, 종전부지 개발이든 모두 하나의 교통·도시 전략 안에서 연결돼야 한다. 행정통합이 추진된다면, 그 첫 번째 실험대는 이동권이 되어야 한다. 육상, 해상, 항공 교통을 따로 관리하는 시대는 끝나야 한다.

시민이 한 번의 선택으로 목적지까지 갈 수 있는 구조, 그것이 도시가 시민에게 해 줄 수 있는 가장 기본적인 서비스다.

공항이 멀어질수록 도시는 작아진다. 반대로 이동이 쉬워질수록 도시는 더 많은 기회를 끌어당긴다. 광주공항 논쟁은 시설의 문제가 아니라 도시의 미래를 어떻게 열 것인가에 대한 질문이다. 이제는 이 질문에 구조적 해답을 내놓아야 할 시간이다.

04 산업은 커지는데, 왜 사람은 떠나는가

- AI 중심도시라는데, 왜 우리는 아직 실감이 없을까
- 산업은 커지는데, 왜 사람은 떠나는가
- 청년 고급인력은 왜 지역에 머물지 못하는가
- 통합돌봄이 체감되는 도시의 시간
- 도시의 미래를 가로막는 행정의 관성
- 통합은 선택이 아니라 생존이다
- 광주전남특별시, 논쟁을 넘어 설계의 단계로
- "반드시 해내는 사람", 통합을 법으로 꿰맸다
- 5극3특 공약을 '현장'에서 '법'으로 완성하는 선봉장이 되겠다
- 행정통합은 선택이 아니라, 통합도시전략을 시작할 유일한 기회다
- 통합에 대한 우려를 넘어서야 하는 이유
- 한국지역난방공사 이전 제안이 갖는 의미는?
- 광주전남특별시, 논쟁을 넘어 설계의 단계로

VISION

AI 중심도시라는데, 왜 우리는 아직 실감이 없을까

광주는 지난 몇 년간 '대한민국 AI 중심도시'라는 이름으로 국가 차원의 대규모 투자를 받아 왔다. 국가 AI 데이터센터 구축, AI 실증밸리 조성, 기업 유치와 연구기관 집적, 그리고 최근에는 AI 2단계 사업이 예비타당성조사 면제 사업으로 확정되며 향후 수천억 원 규모의 추가 투자가 예정돼 있다. 숫자로만 보면 광주는 분명 대한민국에서 가장 많은 AI 관련 국가사업이 집중된 도시다. 정부가 말하는 국가 AI 전략에서도 광주는 늘 핵심 거점으로 언급된다.

국회에서 예산과 사업 구조를 협의하는 과정에서도 나는 분명히 느꼈다. 광주 AI는 더 이상 실험 단계가 아니라, 국가 전략의 한 축으로 들어와 있다. 문제는 그 다음이다. 이 막대한 투자와 기술이 과연 시민의 일상까지 내려오고 있는가, 그 질문 앞에서는 자신 있게 고개를 끄덕이기 어렵다.

그래서 FGI에서 들은 시민들의 말은 오히려 더 또렷하게 다가왔다.

"AI 도시라잖아요. 근데 저는 버스 기다리는 시간도 그대로고, 민원 넣으면 여전히 며칠씩 걸려요."

"뉴스 보면 다들 잘된다고 하는데, 우리 삶이 어디가 달라졌는지는 모르겠어요."

기대가 없어서가 아니라, 변화가 보이지 않아서 나오는 말들이었다.

또 어떤 참여자는 이렇게 말했다.

"AI는 기업이 쓰는 거 아니에요? 공단이나 연구소에 있는 거잖아요. 우리랑 무슨 상관이에요."

이 말 속에는 지금까지의 정책 구조가 고스란히 담겨 있다. 광주의 AI 전략이 산업과 연구 중심으로 설계되면서, 생활 서비스 적용은 늘 '다음 단계'로 미뤄져 왔다는 사실이다. 기술은 빠르게 도입됐지만, 그 기술을 시민 서비스로 바꾸는 행정 구조는 아직 준비되지 않았다.

나는 국회에서 예산을 협의할 때마다 같은 질문을 반복했다. 이 사업이 끝나면 시민이 무엇을 느끼게 되느냐고, 교통에서, 안전에서, 돌봄에서 어떤 변화가 생기느냐고. 그러나 많은 사업이 여전히 '플랫폼 구축', '데이터 수집', '기업 지원' 단계에 머물러 있었다. 가장 중요한 생활권 적용 단계는 늘 추상적인 계획으로 남아 있었다.

FGI에서 이런 말도 나왔다.

"AI로 범죄 예방한다는 말은 들었는데, 우리 동네 골목이 밝아진 것도 아니고, CCTV가 더 생긴 것도 아니고, 뭐가 바뀐 건지 모르겠어요."

정책 홍보와 생활 변화 사이의 간극이 이렇게 생긴다. 기술은 들어왔지만 환경이 바뀌지 않으면, 시민에게 AI는 여전히 뉴스 속 이야기로 남는다.

그래서 나는 이제 AI 정책을 다른 기준으로 다시 묻고 있다.

이 기술이 들어오면 주민센터 업무가 얼마나 줄어드는가.

교통 혼잡 시간대가 얼마나 완화되는가.

돌봄 사각지대가 얼마나 줄어드는가.

이 질문에 답하지 못하는 AI 정책은 도시 정책이 아니라 산업 정책에 머물 수밖에 없다.

FGI에서 특히 많이 등장한 단어는 '연결'이었다.

"병원, 복지, 교통, 다 따로 노는 느낌이에요."

"앱은 많은데, 하나로 되는 건 없어요."

이는 기술 부족의 문제가 아니라 행정 구조의 문제다. 데이터는 있는데 묶이지 않고, 서비스는 있는데 통합되지 않는다. 시민 입장에서는 AI가 아니라 여전히 종이 서류와 전화로 움직이는 행정이 체감된다.

이 지점에서 광주·전남 행정통합 논의는 단순한 구역 통합이 아니라 도시 운영 방식을 바꿀 수 있는 기회가 된다. 통합의 핵심은 조직을 합치는 것이 아니라, 생활권 데이터를 하나로 묶고 광역 단위로 서비스 운영을 혁신하는 데 있어야 한다. 교통, 보건, 관광, 산업 정보가 통합 플랫폼에서 움직일 때, AI는 비로소 도시의 실질적인 도구가 된다.

나는 통합 이후 가장 먼저 손봐야 할 영역으로 광역 교통과 돌봄 연계 체계를 보고 있다. 버스와 철도, 환승 정보, 교통약자 이동 지원, 응급 의료 연계가 하나의 시스템으로 묶이면 기술 효과는 바로 체감된다. 지금처럼 시·군이 따로 운영하는 구조에서는 AI가 들어와도 최적화가 불가능하다.

FGI에서 한 청년은 이렇게 말했다.

"AI 도시라는데 취업은 여전히 서울 가야 하잖아요."

이 말 역시 현실이다. 산업 정책과 주거, 교육, 문화 정책이 분리돼 있으면 인재는 머물 이유가 없다. 그래서 AI 산업 전략은 반드시 정주 정책과 함께 설계돼야 한다. 연구단지 옆에 아파트만 짓는다고 도시가 만들어지지 않는다. 일과 삶이 동시에 설계돼야 사람이 남는다.

나는 앞으로 AI 예산을 확보했다는 이유만으로 성과를 말하지 않을 생각이다. 그 예산이 어떤 생활 지표를 바꿨는지를 기준으로 성과를 평가할 것이다. 분기별 시민 체감 지표를 공개하고, 결과에 따라 사업 구조를 수정할 수 있어야 정책 신뢰가 생긴다. 기술은 빠르게 발전하는데, 정책은 늘 고정돼 있다는 인식을 바꾸지 않으면 시민의 기대는 다시 식어버릴 수밖에 없다.

FGI에서 누군가는 이렇게 말했다.

"사실 기대는 있어요. 광주가 뭔가 바뀌었으면 좋겠어요."

나는 이 말이 가장 중요하다고 본다. 냉소가 아니라 아직 남아 있는 기대. 이 기대가 사라지기 전에 정책은 반드시 생활로 내려와야 한다.

AI 중심도시라는 말이 산업 슬로건이 아니라, 도시가 작동하는 방식의 변화로 느껴지도록 만드는 것. 나는 그 책임이 행정과 정치에 있다고 본다. 기술은 이미 와 있다. 이제 남은 건 그 기술을 시민 쪽으로 끌어오는 일이다. 그리고 그 일을 누가 끝까지 책임질 것인지, 그 질문 앞에 나는 계속 서 있을 생각이다.

산업은 커지는데, 왜 사람은 떠나는가

— 광주·전남 통합이 풀어야 할 도시 구조

광주 인식 FGI에서 '산업정책과 주거정책이 따로 운영된다'는 지적은 반복적으로 제기되었다. 참여자들은 "일자리는 늘어난다고 하는데, 그 근처에 살 수 있는 집은 없다", "회사 가까이 살고 싶어도 전세나 임대주택이 없어 결국 더 먼 곳으로 밀려난다", "신도시는 계속 늘어나는데 아이 키울 환경은 그 주변에 없다"는 방식으로 문제를 설명했다. 이는 단순한 주거 불만이 아니라, 산업 입지 결정과 생활권 설계가 분리된 정책 구조에 대한 체감 평가에 가깝다.

청년층에서는 이 문제가 정주 실패로 직결된다는 인식이 뚜렷했다. "취업하면 독립할 줄 알았는데 주거비 부담 때문에 다시 부모 집으로 돌아갔다", "직장은 광주에 있지만 장기적으로는 다른 지역을 계속 고민하게 된다"는 발언이 이어졌다. 일자리는 지역에 남아 있지만, 삶의 기반이 형성되지 않으면서 인구 유출 구조가 유지되고 있다는 판단이다. 중장년층 역시 "은퇴 이후를 고려하면 지금의 생활권에 남아 있어야 할 이유를 찾기 어렵다", "병원, 교통, 문화시설이 분절돼 있어 생활 편의가 떨어진다"고 지적했다.

이 같은 인식이 형성된 이유는 정책 추진 순서와 책임 구조에서 찾을 수 있다. 산업단지 조성, 기업 유치, 연구기관 집적은 주로 산업·경제 부서 중심으로 추진되고, 주거 공급과 교통망 구축, 생활 SOC 확충은 이후 단계에서 별도로 논의되는 경우가 많다. 그 결과 산업은 빠르게 확장되지만, 이를 지탱하는 생활권은 뒤늦게 따라가거나 충분히 보완되지 못한다. 시민 입장에서는 정책이 분절적으로 작동하는 것으로 인식될 수밖에 없다.

해외와 국내의 일부 사례에서는 산업-주거-교통을 통합적으로 설계한 도시 모델이 존재한다. 독일 볼프스부르크는 폭스바겐 공장과 주거 도시가 동시에 성장한 기업도시 구조를 가지고 있으며, 프랑스 라데팡스는 업무지구 개발과 함께 광역철도 환승망과 주거 프로그램을 단계적으로 확충해 왔다.

국내에서는 세종시가 행정기관 이전과 함께 BRT 중심 교통 체계를 선제적으로 구축하며 생활권을 설계한 사례로 자주 언급된다.

그러나 이러한 모델을 광주·전남에 그대로 적용하기는 구조적으로 어렵다. 해당 도시들은 계획 단계부터 토지 이용과 교통망, 주거 배치가 동시에 설계되었거나, 수도권 고밀 교통 인프라를 배경으로 성장했다. 반면 광주·전남은 기존 시가지, 농촌 지역, 혁신도시, 산업단지가 복합적으로 얽혀 있고, 통근권 역시 행정 경계를 넘어 광범위하게 형성돼 있다. 따라서 단일 산업 거점 중심의 직주근접 모델을 단순 이식할 경우, 오히려 주거 불균형과 교통 집중 문제가 확대될 가능성도 있다.

이 때문에 광주·전남 통합이 논의되는 현 시점에서 필요한 것은 '도시 모델 복제'가 아니라, 정책 운영 원리의 전환이다. 통합 이후에는 산업 입지 결정 단계에서부터 주거 공급, 교통 연계, 생활 서비스 제공까지를 하나의 정책 패키지로 묶어 심의·결정하는 구조가 필요하다. 산업단지 조성이나 기업 유치 사업에 대해 주거·교통 대책이 함께 확정되지 않으면 인허가가 이루어지지 않는 제도적 장치도 검토할 필요가 있다.

또한 광역 교통망 구축을 장기 철도 계획에만 의존하지 말고, 산업 거점과 주거 권역을 직접 연결하는 급행형 버스 노선, 환승 거점 중심 운영 체계를 우선적으로 정비해야 한다. 이는 상대적으로 빠른 시간 내 체감 가능한 정책 효과를 낼 수 있으며, 생활권 통합의 실질적 기반이 될 수 있다.

주거 정책 역시 공급 규모 중심 접근에서 벗어나, 산업 인력의 생애주기를 고려한 정착 경로 설계로 전환해야 한다. 청년층 초기 정착형 공공주택, 가족형 주거 단지, 고령기 돌봄 연계 주거가 단절되지 않고 연속적으로 이동할 수 있는 구조가 필요하다. 현재처럼 단계마다 거주지를 이동해야 하는 구조에서는 장기 정주 가능성이 낮아질 수밖에 없다.

FGI 참여자들이 공통적으로 제기한 문제는 정책의 부재가 아니라 정책 간 연계 부족이었다. 산업 정책은 성장 지표를 중심으로, 주거 정책은 공급 물량 중심으로, 교통 정책은 개별 노선 중심으로 추진되는 방식에서는 시민의 생활 변화가 종합적으로 나타나기 어렵다. 광주·전남 통합의 실질적 성과는 행정 체계 개편이 아니라, 이러한 정책 분절 구조를 하나의 생활권 운영 체계로 전환할 수 있는지에 달려 있다.

산업 유치 성과가 곧 도시 경쟁력으로 이어지지 않는다는 인식은 이미 시민들 사이에서 형성돼 있다. 통합 논의가 지속되기 위해서는, 일자리 증가가 주거 안정과 이동 편의로 이어지는 구체적 경로를 정책적으로 제시하고 실행하는 것이 필요하다. 산업과 주거, 교통을 동시에 설계하는 도시 운영 방식으로의 전환 없이는, 현재 FGI에서 나타난 불신과 회의 역시 쉽게 해소되기 어렵다.

청년 고급인력은 왜 지역에 머물지 못하는가

광주 인식 FGI에서는 '청년 고급인력 유입 전략이 부족하다'는 평가가 비교적 분명하게 나타났다. 주목할 점은 이 평가가 단순히 일자리 숫자의 부족을 지적하는 것이 아니라, 지역에서 경력을 이어갈 수 있는 구조 자체가 취약하다는 인식에서 출발하고 있다는 점이다. 조사 참여자들은 "연봉이 조금 낮은 건 감수할 수 있지만, 이후 단계가 보이지 않는다", "광주에서 일하다가 결국 수도권으로 이동하는 경로가 당연한 선택처럼 굳어져 있다"는 방식으로 문제를 설명했다.

FGI에서 말하는 '청년 고급인력'은 특정 학력이나 직종만을 의미하지 않는다. 응답자들이 공통적으로 제시한 기준은 세 가지였다. 첫째, 전문 기술이나 직무 역량을 계속 확장할 수 있는가, 둘째, 같은 분야에서 다른 회사나 프로젝트로 이동할 수 있는 선택지가 지역 안에 존재하는가, 셋째, 일 외의 삶이 가능한 생활 여건이 갖춰져 있는가였다. 다시 말해 이들은 단순한 취업이 아니라, 경력 생태계와 생활 기반이 동시에 작동하는 도시를 요구하고 있었다.

특히 반복적으로 언급된 것은 직무 이동의 어려움이었다. 한 응답자는 "한 회사에서 배울 수 있는 건 한계가 있는데, 비슷한 분야 회사가 많지 않다 보니 지역 안에서 옮기며 성장하기가 어렵다"고 말했다. 또 다른 응답자는 "결국 수도권으로 가야 프로젝트도 다양해지고, 네트워크도 생긴다"고 언급했다. 이는 지역 산업 구조가 단일 기업 또는 제한된 산업군 중심으로 형성되어 있을 경우, 고급 인력이 장기적으로 머물기 어렵다는 점을 보여준다.

주거와 생활 환경 역시 중요한 요인으로 지적됐다. 조사 참여자들은 "회사 근처에 살고 싶어도 전세나 임대주택이 거의 없다", "결국 더 먼 지역으로 밀려나 출퇴근 시간이 길어진다", "이런 조건에서는 결혼이나 출산을 계획하기 어렵다"는 방식으로 주거 문제를 설명했다. 이는 주택 공급의 절대량 문제라기보다, 산업 입지와 주거 공급이 연계되지 않는 정책 구조에 대한 체감 평가로 볼 수 있다.

이러한 구조가 지속될 경우 지역은 몇 가지 위험에 직면하게 된다. 첫째, 기업은 들어오지만 핵심 연구·기획 인력은 외부에서 순환 공급되는 형태로 고착될 가능성이 높다. 둘째, 지역 내 기술 축적과 창업 생태계가 충분히 형성되지 못하면서, 산업 경쟁력이 중장기적으로 약화될 수 있다. 셋째, 청년층 인구 감소가 소비, 주거, 교육 수요 축소로 이어져 도시 활력 전반이 저하되는 연쇄 효과가 발생할 가능성도 크다.

FGI 응답자 중 일부는 "광주는 살기 불편한 도시는 아니지만, 성장하기에는 한계가 있다"는 표현을 사용했다. 이는 생활비나 자연환경보다도, 미래 경로가 보이지 않는다는 점이 더 큰 이탈 요인으로 작용하고 있음을 시사한다. 지역에 대한 애정이 남아 있음에도 불구하고, 장기 계획을 세우기 어렵다는 판단이 이동을 선택하게 만든다는 것이다.

이 문제는 단기간에 해결될 수 있는 과제가 아니다. 그러나 분명한 것은, 지금까지처럼 기업 유치와 단지 조성 중심의 산업 정책만으로는 청년 고급인력 정착 문제를 해결하기 어렵다는 점이다. 산업 정책의 성과 지표를 고용 인원이나 투자 규모가 아니라, 지역 내 직무 이동 가능성, 협업 프로젝트 수, 정주율 같은 질적 지표로 전환할 필요가 있다.

또한 전문 인력이 지역 안에서 교류하고 이동할 수 있는 구조를 상설화하는 정책이 필요하다. 일회성 포럼이나 행사 중심의 네트워크가 아니라, 공공 연구기관·대학·기업·스타트업이 공동으로 참여하는 장기 프로젝트와 인력 교류 프로그램이 구축돼야 한다. 이는 인재 유치보다 더 중요한 인재 유지 전략에 해당한다.

주거 정책 역시 산업 전략과 분리된 방식에서 벗어나야 한다. 산업 거점 인근에 단순한 주택 공급이 아니라, 교육·의료·문화·교통 접근성이 결합된 생활권 주거 모델이 함께 설계돼야 한다. 단기 임대 위주의 공급만으로는 장기 정착을 기대하기 어렵다.

지역 대학과 산업 정책의 연계 역시 중요한 과제다. 현재 구조에서는 대학에서 양성된 인력이 졸업과 동시에 외부로 이동하는 흐름이 반복되고 있다. 교육 단계부터 지역 산업 프로젝트와 연결되는 경로가 설계되지 않으면, 인재 유출 구조는 계속 재생산될 수밖에 없다.

광주 인식 FGI가 던진 메시지는 단순한 불만이 아니라 정책 구조에 대한 진단에 가깝다. 청년 고급인력이 지역에 오지 않는 것이 아니라, 지역에서 머물 수 있는 조건이 충분히 만들어지지 않았다는 점이 핵심이다. 이 문제를 해결하지 못한다면, 어떤 첨단 산업 전략도 결국 사람 없는 성장으로 이어질 가능성이 크다.

앞으로의 정책 논의에서는 “어떤 기업을 더 유치할 것인가”보다 “어떤 사람이 이 도시에서 경력을 이어가며 살 수 있는가”를 먼저 물어야 한다. 청년 고급인력 유입 전략은 산업 정책의 부속 항목이 아니라, 도시 정책 전반을 재설계하는 핵심 과제가 되어야 한다. 그 전환이 이루어질 때, 지역 산업의 지속성과 도시의 미래 역시 함께 확보될 수 있을 것이다.

통합돌봄이 체감되는 도시의 시간

광주 인식 FGI에서는 돌봄·복지 전달체계에 대한 시민들의 불만과 혼란이 두드러졌다. 참여자들은 "통합돌봄이라는 말은 들었지만 어떻게 이용하는지 전혀 모르겠다", "행정기관에 가야 한다는 건 알겠는데, 어디서부터 시작해야 할지 모른다", "동네마다 정보가 다르고 거점도 없는 것 같다"는 식으로 불편을 호소했다. 장애인·노인·아동 대상 서비스가 따로 움직이고 통합 연계가 부족하다는 지적도 반복됐다. 이는 단순한 이용 편의의 문제가 아니라, 현장 돌봄 정책이 시민의 경험과 연동되지 못하고 있음을 보여준다.

이 같은 문제 제기는 일상적 돌봄 서비스 자체의 저신뢰와 낮은 인지도와 맞물려 있다. 몇몇 참여자는 "복지관·센터에는 문이 열려 있지만, 실제로 필요한 서비스를 어떻게 신청하는지 몰라 포기한다", "민간 돌봄 서비스가 있긴 한데, 믿고 맡길 수 있는지 의문"이라고 말하기도 했다. 현장에서는 행정기관 중심의 제공 방식이 돌봄 수요자와의 거리감을 좁히지 못하고 있다는 평가가 나온다.

이런 현실 속에서 정부의 정책 추진 현황을 짚어볼 필요가 있다. 보건복지부는 2024년 3월 「의료·요양 등 지역 돌봄의 통합지원에 관한 법률(돌봄통합지원법)」을 제정했으며, 이 법에 따라 2026년 3월 27일부터 전국 모든 시·군·구에서 통합돌봄 본사업이 시행될 예정이다. 이 체계는 노쇠·장애·질병 등으로 일상생활 유지가 어려운 이들에게 의학·요양·생활 돌봄을 시·군·구 중심으로 통합·연계 제공하자는 취지를 갖고 있다.

이재명 정부 또한 이 정책을 복지 국가의 핵심 과제로 삼아 부처 역량을 총동원하고 있다. 보건복지부는 통합돌봄 시행을 앞두고 전국적으로 전담조직·전담인력·사업운영 준비를 점검하며 지자체 지원을 추진하고 있다. 정은경 보건복지부 장관은 광주에서 열린 현장 간담회에서 "돌봄은 국가와 지자체가 책임져야 할 과제로, 국민이 체감할 수 있는 통합돌봄 체계를 구축하겠다"는 의지를 밝혔다.

그럼에도 FGI에서 드러난 시민들의 현실 인식은 여전히 크게 엇갈린다. 광주에서 이용자가 느끼는 문제는 크게 몇 가지로 정리된다.

첫째, 정책의 명칭과 실제 서비스가 분리돼 시민 인지도가 낮다. 하루에도 여러 기관을 찾아가야 할 것 같은 정보 구조는 주민들에게 혼란을 준다. "통합돌봄이 뭔지 설명을 듣기 전에는 어떤 서비스를 어떻게 받을지 상상하기 어렵다"는 응답이 많았다.

둘째, 생활권 기반 돌봄 거점이 부족하다. 서비스가 센터 중심·기관 중심으로 제공되다 보니 집 주변에서 편하게 접근하기 어렵다는 목소리가 많았다.

셋째, 민간 돌봄 서비스에 대한 신뢰 문제가 여전하다. 공공 지원이 부족하거나 정보가 분절되어 있어, 지역 내 민간 서비스가 제대로 연계되지 못하고 있다.

넷째, 장애·노인·아동 서비스가 통합적으로 연결되지 않아 이용이 불편하다. 각 대상별로 따로 신청해야 하는 사례가 많아 "전반적인 돌봄 네트워크가 촘촘하다고 느껴지지 않는다"는 불만이 있었다.

이처럼 시민 체감 격차가 큰 이유는 정책이 '전달체계 통합'이라는 이름을 달고 있더라도, 아직 일선에서 수요자 눈

높이의 안내·접근 체계로 정립되지 못했기 때문이다. 해외 복지 연구에서도 통합돌봄이 효과적으로 작동하려면 의료·요양·사회서비스 간 연결이 잘 조직되어야 하고, 서비스 기획 단계부터 주민 참여를 설계해야 한다는 지적이 나온다.

반면 광주에서는 통합돌봄 준비율이 전국 최고 수준으로 평가되기도 한다. 최근 보도에 따르면 통합돌봄 시행을 두 달여 앞둔 현재 광주광역시는 준비율이 100%에 달했다는 평가를 받았다. 이는 제도 정비 면에서 선도적인 위치라는 뜻이지만, 정책 준비 정도가 반드시 체감 서비스로 이어지는 것은 아니라는 사실도 함께 보여준다.

광주시는 '광주다움 통합돌봄'이라는 이름으로 기존 돌봄 서비스를 촘촘히 연계하고, 소득 구간을 확대해 더 많은 시민이 비용 부담 없이 이용할 수 있도록 지원 대상을 넓히는 등 정책 확장을 추진하고 있다. 건강보험공단과 협업해 돌봄 욕구를 정확히 판단하고 복합 문제에 대한 조정능력을 강화하는 방향으로 운영 체계를 정비하고 있다. 이러한 노력은 시민이 실제로 서비스를 이용할 때 여러 기관을 오가지 않고도 통합적으로 지원을 받을 수 있는 기반을 마련하는 데 중요한 진전으로 평가된다.

그럼에도 불구하고, 정책을 현장에서 체감케 하는 '마지막 연결고리'가 여전히 취약하다. 광주 시민들은 복지와 돌봄 서비스를 '찾아가는 정보'로 받아들이기보다는 '먼 복지 행정'으로 인식하는 경향이 있다. 특정 대상에게 맞춤형 안내를 하지 못하는 행정 중심 서비스 구조에서도 벗어나야 한다는 지적이 나온다. 특히 장애·노인·아동 돌봄을 연계하는 과정에서 대상별로 서비스가 끊기거나 정보가 분절되는 경험은 통합돌봄의 목적과 역행한다는 지적이 많다.

이런 한계를 극복하기 위해서는 몇 가지 과제가 남아 있다. 첫째, 통합돌봄 정책의 인지도 제고를 위한 전면적인 안내체계 정비와 생활권 기반 홍보·상담 창구 확립이 필요하다. 단순한 안내 책자나 홍보 영상이 아니라, 주민이 실제로 접근할 수 있는 서비스 맵과 통합 창구가 현장에서 작동해야 한다.

둘째, 돌봄 거점의 확충과 민간·공공 연계 강화가 필요하다. 광역단위 돌봄 거점 및 SOP(Standard Operating Procedures) 정비를 통해 민간 돌봄 서비스와 공공 서비스를 하나의 네트워크로 묶어야 한다.

셋째, 장애·노인·아동 대상 서비스를 하나의 생활 라인으로 통합해, 수요자 관점에서 끊김 없는 지원을 설계해야 한다.

국가적으로도 광주처럼 준비도가 높은 지역의 경험을 사례로 삼아 이를 전국 표준모델로 확장할 필요가 있다. 실제로 광주 정책은 대통령상 수상과 함께 돌봄통합지원법 시행 이전 모범 사례로 인정되기도 했다.

돌봄은 단순한 복지 서비스가 아니라 시민이 자기 삶을 꾸리는 기본 조건이다. 행정 중심의 제도 설계에서 벗어나 생활 현장에서 체감할 수 있는 통합 체계로 전환할 때, 비로소 '나는 돌봄을 받을 수 있다'는 자신감이 생기고 정책의 신뢰가 구축될 수 있다. FGI가 제기한 낮은 인지도와 접근성의 문제는 이 최종 연결고리를 어떻게 완성해 나갈지에 달려 있다.

도시의 미래를 가로막는 행정의 관성

광주·전남 행정통합 논의가 본격화되면서 시·도민들의 기대도 함께 커지고 있다. 산업과 교통, 복지와 균형발전까지 통합이 가져올 변화에 대한 관심이 높지만, 최근 진행된 광주 시정인식 FGI에서 시민들이 반복해서 제기한 문제는 의외로 단순했다. 정책의 방향보다 행정이 실제로 어떻게 작동하느냐에 대한 물신이었나.

한 시민은 이렇게 말했다. "정책은 맨날 바뀌는데, 우리 삶은 그대로예요. 누구한테 말해야 할지도 모르겠고요."

정책이 많아도 체감되지 않는 이유를 시민들은 '설명받지 못한 행정'에서 찾고 있었다. 특히 통합돌봄 정책에 대해 여러 참가자들이 "그런 제도가 있는지도 몰랐다", "전화 한 통이면 된다는데 번호가 뭔지도 모른다"고 말했다. 정책이 존재해도 전달되지 않으면, 시민에게는 없는 정책과 다를 바 없다.

참여 역시 비슷했다. 설명회는 있지만 결정 과정은 보이지 않는다는 인식이 강했다. 한 시민은 "설명회는 하는데 이미 다 정해진 느낌이다. 의견을 내도 반영됐다는 걸 느낀 적이 없다"고 말했다. 참여는 있지만, 행정의 결론은 늘 정해져 있다는 체감이다. 그래서 참여는 권한이 아니라 절차로 소비되고, 시민은 정책의 주체가 아니라 대상에 머문다.

사업이 이어지지 않는다는 불만도 구체적이었다. 북구에 사는 한 주민은 마을버스 노선 이야기를 꺼냈다. "예전 시장 때는 보조해 줘서 네 대가 다니던 버스가, 지금은 지원이 끊겨서 세 대로 줄었어요. 주민들이 민원 넣어서 겨우 유지하는 상황이에요."

정책이 제도가 아니라 단체장과 담당자의 판단에 따라 유지되고 사라진다는 인식이다. 담당자가 바뀌면 그동안 쌓아 온 논의와 합의도 함께 사라지고, 주민은 다시 처음부터 설명해야 한다. 그래서 행정은 늘 새 사업을 시작하고, 시민은 늘 같은 요구를 반복한다.

성과 관리에 대한 불신도 컸다. 도시철도 2호선, 복합쇼핑몰, AI 정책에 대해 시민들은 "한다는 말은 많은데 언제 끝나는지 모르겠다", "공사는 항상 비슷한 모습"이라고 말했다.

행정은 예산 집행과 공정률을 성과로 관리하지만, 시민은 이동 시간이 줄었는지, 상권이 살아났는지, 생활이 나아졌는지로 정책을 평가한다. 그러나 이런 생활 변화는 공식 성과 지표에 거의 반영되지 않는다. 그래서 정책은 완료되지만, 문제는 해결되지 않은 채 남는다.

도시의 장기 전략이 보이지 않는다는 지적도 이어졌다. "멀쩡한 도로를 또 뒤집는다", "쓸 수 있는 걸 다시 공사한다"는 말에는, 단순한 불편을 넘어 도시 전체가 어디로 가고 있는지 알 수 없다는 불안이 담겨 있다.

단체장 임기와 공모사업 주기에 맞춰 정책이 설계되다 보니, 10년 뒤 도시 모습에 대한 일관된 그림은 시민에게 공유되지 않는다. 행정은 프로젝트 단위로 움직이고, 시민의 삶은 그 사이에서 계속 이어진다.

이런 문제의식 속에서 광주·전남 행정통합은 단순한 조직 통합이 아니라 행정 운영 방식 자체를 바꿀 수 있는 마지막 기회일 수도 있다. 그러나 운영 개혁 없이 규모만 키우면, 설명 없는 정책과 형식적 참여, 책임 없는 구조는 더 큰 행정으로 확대될 뿐이다.

FGI에서 드러난 시민 요구는 놀라울 만큼 일관됐다. 정책은 사후 발표가 아니라 문제를 정하는 단계부터 시민과 공유돼야 한다는 것, 담당자 개인이 아니라 조직이 책임지는 구조가 필요하다는 것, 사업이 최소한 몇 년은 이어질 수 있는 제도적 장치가 있어야 한다는 것, 그리고 성과는 보고서가 아니라 생활 변화로 평가돼야 한다는 요구였다. 무엇보다 시민들은 도시의 미래가 단체장 임기 단위가 아니라 세대 단위로 설계되기를 바라고 있었다.

한 시민의 말은 이 모든 문제를 압축한다. "시장은 큰 정책을 말하는데, 우리 생활에 바로 닿는 건 안 보여요."

지금 시민들이 요구하는 것은 더 많은 공약이 아니다. 설명하는 행정, 이어지는 행정, 책임지는 행정, 그리고 장기적으로 도시를 설계하는 행정이다. 광주·전남 행정통합이 진정한 변화의 출발점이 되려면, 통합의 성패는 조직도가 아니라 행정이 시민과 어떻게 일하느냐에 달려 있다는 사실부터 직시해야 한다. 그렇지 않다면 통합은 기대가 아니라 또 하나의 행정 개편으로 기억될 것이고, 그 실망의 무게는 다시 시민에게 돌아갈 것이다.

통합은 선택이 아니라 생존이다

— 지금 결단하지 않으면 미래는 없다

나는 2026년 1월 8일, 페이스북에 이렇게 썼다.

"광주·전남 통합은 선택이 아닌 생존 전략이며, 지방소멸에 대응하기 위한 규모의 경제 전략입니다."

이 문장을 쓰기까지 오래 고민했다. '통합'이라는 단어는 언제나 갈등과 불안을 함께 불러온다. 누군가는 정체성의 상실을 걱정하고, 누군가는 행정이 더 멀어질까 두려워한다. 그 마음을 나는 충분히 이해한다. 그러나 나는 더 이상 이 논의를 미룰 수 없다고 판단했다. 지금 이 순간에도 청년은 떠나고, 산업은 수도권으로 집중되고, 지방의 재정과 권한은 계속 줄어들고 있기 때문이다.

지방소멸은 더 이상 학자의 보고서 속 경고가 아니다. 학교가 사라지고, 병원이 줄고, 버스 노선이 끊기고, 동네 상권이 무너지는 현실로 이미 우리 삶 속에 들어와 있다. 이 흐름을 멈추기 위해 필요한 것은 개별 지자체의 미세 조정이 아니라, 구조 자체를 바꾸는 선택이다. 그래서 나는 통합을 '확장 전략'이나 '행정 개편'이 아니라, 살아남기 위한 구조 전환이라고 표현했다.

각자의 행정구역 안에서만 국가 정책을 설득하고, 예산을 확보하고, 산업 유치를 시도하는 방식으로는 더 이상 경쟁력을 확보하기 어렵다. 이제는 권역 단위의 전략과 권한이 필요한 시대다. 통합은 그 출발점이다. 나는 통합을 통해 광주와 전남이 하나의 생활권이자 하나의 산업권, 하나의 정책 단위로 움직일 수 있는 토대를 만들고자 한다.

며칠 뒤, 나는 또 하나의 글을 올렸다.

제목은 "광주·전남 행정통합 특별법, 3줄 요약"이었다.

나는 그 글에서 이렇게 정리했다.

첫째, 통합은 광주와 전남을 하나의 생활·경제권으로 만드는 제도적 기반이다.

둘째, 통합은 국책사업과 대규모 투자 유치에서 경쟁력을 확보하는 초광역 플랫폼이다.

셋째, 통합은 지방이 스스로 미래를 설계할 수 있는 권한을 회복하는 출발점이다.

나는 일부러 복잡한 정책 설명 대신 '3줄 요약'이라는 형식을 선택했다. 주민들이 정책을 이해하지 못하면, 어떤 제도도 힘을 얻을 수 없다. 통합은 행정가의 프로젝트가 아니라, 주민의 삶을 바꾸는 선택이기 때문이다. "그래서 내 삶이 어떻게 달라지느냐"는 질문에 답하지 못한다면, 통합은 성공할 수 없다.

통합의 목적은 행정 조직을 키우는 데 있지 않다. 목적은 분명하다. 산업 구조를 바꾸고, 일자리를 만들고, 생활 인프라를 확장하는 것이다. 광주의 연구개발 인프라와 첨단산업 기반, 전남의 해양·에너지·농생명 자원이 하나의 전략 아래 움직일 수 있다면, 우리는 완전히 다른 성장 경로를 만들 수 있다. 나는 이것을 단순한 행정통합이 아니라 초광역 산업전환 전략이라고 부른다.

하지만 통합이 곧 중앙집중이 되어서는 안 된다. 그래서 나는 또 이렇게 썼다.

"통합은 한곳으로 몰아넣는 구조가 아니라, 기능을 분산하고 연결하는 구조여야 합니다."

행정이 커지고 주민과의 거리가 멀어지는 통합이라면, 그

것은 실패다. 통합은 오히려 생활권 단위의 행정 접근성을 강화하고, 권역별 특성에 맞는 정책을 더 적극적으로 실현하는 방식으로 설계되어야 한다.

나는 통합 이후 반드시 함께 가야 할 과제로, 권역별 산업 전략, 생활 SOC의 균형 배치, 의료·교육 접근성 개선, 광역 교통체계 재설계 등을 강조해 왔다. 통합은 지도 위의 선을 지우는 일이 아니라, 생활의 구조를 다시 짜는 작업이어야 한다.

최근 나는 이런 질문도 자주 받는다. "통합 논의가 너무 빠른 것 아니냐."

그래서 나는 2026년 1월 중순, 페이스북에 이런 글을 올렸다.

"광주·전남 통합, 너무 빠르다? 그래서 준비하고 있습니다."

이 글에서 나는 통합이 단지 법안을 빨리 통과시키는 문제가 아니라, 통합 이후의 행정 구조와 정책 실행 체계를 함께 설계하는 과정임을 설명했다.

속도는 빠를 수 있다. 그러나 논의가 갑작스러운 것은 아니다. 통합 논의는 수년간의 연구, 행정 협의, 정책 검토가 축적된 결과 위에서 진행되고 있다. 지금은 그 논의를 더 이상 미룰 수 없는 시점에 와 있을 뿐이다. 문제는 속도가 아니라, 속도 이후를 얼마나 치밀하게 준비하느냐다.

나는 법 통과 자체를 목표로 삼지 않는다. 나는 늘 이렇게 말해왔다.

"특별법이 통과되는 날이 끝이 아니라, 그날이 시작입니다."

조직 통합, 재정 구조 개편, 산업 정책 재설계, 생활 서비스 체계 개편까지, 진짜 변화는 그 이후에 시작된다. 준비 없는 통합은 혼란을 낳고, 주민 불안을 키울 뿐이다.

그래서 나는 통합 논의와 동시에 초광역 거버넌스 체계, 민관 협력 구조, 주민 참여 시스템 구축까지 함께 논의해야 한다고 주장한다. 통합이 관 주도의 행정 프로젝트로 끝나서는 안 된다. 대학, 연구기관, 산업계, 시민사회가 함께 참여하는 협력 구조가 만들어져야 한다. 그래야 통합은 지속 가능해진다.

통합에 반대하는 목소리 역시 존중받아야 한다. 그러나 반대의 이유가 "지금도 그럭저럭 살 만하다"라면, 나는 그 선택이 너무 위험하다고 생각한다. 현 상태 유지는 가장 편한 선택이지만, 가장 위험한 선택일 수도 있다. 변화하지 않는 지역은 서서히 경쟁력을 잃는다.

나는 정치인으로서가 아니라, 이 지역에서 아이를 키우고, 여기서 노후를 맞이할 한 사람으로서 묻고 싶다. 지금의 구조로 10년 뒤에도 우리 지역이 청년에게 기회가 되는 곳일까. 산업이 자라고 삶의 질이 높아지는 도시로 남아 있을 수 있을까.

통합은 이상이 아니다. 이미 시작된 현실이다. 문제는 우리가 이 흐름을 주도적으로 설계하느냐, 아니면 뒤늦게 따라가느냐의 차이다. 나는 주민과 함께 통합을 설계하고 싶다. 통합의 속도만큼 중요한 것은 통합의 내용과 방향이다. 주민의 일상, 지역의 산업, 다음 세대의 기회를 기준으로 통합을 설계하지 않는다면, 어떤 제도도 성공할 수 없다.

통합은 끝이 아니라 새로운 시작이다.

그리고 그 시작은, 바로 지금이다.

광주전남특별시,
논쟁을 넘어 설계의 단계로

광주와 전남의 미래를 놓고 이야기할 때 나는 늘 같은 말을 한다. 광주·전남 행정통합은 선택의 문제가 아니라 생존의 문제라는 것이다. 이 말은 정치적 수사가 아니라, 지금 지역이 처한 구조적 현실을 직시한 판단이다. 나는 2026년 1월 11일 『동아일보』 인터뷰에서 "광주·전남 통합은 지역 생존과 직결된 전략적 결단"이라고 말했다. 수도권으로 인구와 산업, 교육과 문화가 빠르게 집중되는 상황에서, 광역 단위가 쪼개진 채로는 더 이상 경쟁력을 갖기 어렵다는 위기의식에서 나온 말이있다.

그래서 나는 2025년 12월 24일 '광주·전남 초광역특별자치도 설치 등에 관한 특별법안'을 대표 발의했다. 이 법안의 핵심은 단순한 행정구역 통합이 아니라, 통합 이후의 권한과 구조를 함께 바꾸자는 데 있다. 지방선거에서 단일 광역단체장과 교육감을 동시에 선출하고, 같은 해 7월 통합 체제를 출범시키는 일정까지 법에 담았다. 통합의 정당성과 안정성을 동시에 확보하자는 취지다. 통합은 선언이 아니라 제도와 일정, 권한 이전이 함께 가야 현실이 된다.

나는 2026년 1월 21일 KBC 광주방송 인터뷰에서도 이 점을 분명히 말했다. 통합특별시가 되면 개발 허가, 도시계획, 산업단지 조성 등 핵심 권한이 대폭 이양돼 지역이 스스로 결정하고 추진하는 속도가 지금과는 완전히 달라진다. 그린벨트 해제나 대규모 공공투자 사업도 중앙정부의 장기 절차에만 매달리지 않고, 지역 판단으로 훨씬 유연하게 추진할 수 있다. 이것은 행정 효율의 문제가 아니라 지역 성장의 체질을 바꾸는 문제다.

지금이 적기라는 말도 같은 맥락이다. 나는 같은 인터뷰에서 "정부의 지원 의지와 광주시·전남도의 공감대가 동시에 형성된 지금이 기회"라고 말했다. 과거에도 통합 논의는 여러 차례 있었지만, 중앙정부의 제도적 뒷받침과 재정 인센티브, 그리고 지방정부의 합의가 동시에 맞물린 적은 많지 않았다. 지금은 초광역지자체에 대해 서울특별시에 준하는 권한 부여, 공공기관 이전 우선권, 대규모 재정 지원이 논의되고 있다. 지역이 손을 잡고 나설 경우, 국가 전략 차원에서 뒷받침하겠다는 신호가 분명해진 상황이다.

물론 우려와 질문이 없는 것은 아니다. 2026년 1월 23일 광주시청에서 열린 설명회에서도 공무원들의 근무지 이동, 조직 개편, 고용 안정에 대한 걱정이 나왔다. 충분히 이해한다. 통합은 숫자와 구조의 문제가 아니라 사람의 문제이기도 하다. 그래서 나는 통합 특별법과 하위 법령, 조례를 통해 고용 안정과 조직 운영 원칙을 분명히 하고, 불이익이 없도록 제도적으로 보완해야 한다고 보고 있다. 통합은 누군가를 희생시키는 방식으로 가서는 안 된다. 상생의 구조를 만드는 것이 핵심이다.

여론 흐름도 눈여겨볼 필요가 있다. 여러 조사에서 광주·전남 시도민의 과반이 통합에 찬성한다는 결과가 나오고 있고, 통합 단체장을 선거로 뽑아야 한다는 의견도 적지 않다. 이는 통합이 더 이상 행정 엘리트의 논의에 머무는 사안이 아니라, 시민의 삶과 직결된 문제로 인식되기 시작했다는 신호라고 본다. 지역민들은 이미 일자리, 교육, 의료, 문화 인프라가 더 넓은 생활권 단위에서 움직여야 한다는 사실을 체감하고 있다.

나는 방송 인터뷰에서 자주 이렇게 말한다. 통합은 과감한 변화와 미래에 대한 신뢰를 전제로 하는 선택이라고. 지금처럼 각자도생의 구조가 계속된다면, 지역은 서서히 힘을 잃고 선택지가 줄어들 수밖에 없다. 반대로 광주와 전남이 하나의 생활·산업·행정권역으로 묶이면, 기업 유치, 청년 정주, 연구개발 투자, 문화 관광 전략까지 전혀 다른 규모와 그림을 그릴 수 있다. 이것이 내가 말하는 생존 전략이다.

행정통합은 제도 개편이 아니라 삶의 조건을 바꾸는 일이다. 통근과 통학, 병원과 문화시설, 일자리와 주거 선택지가 넓어지고, 지역이 스스로 결정할 수 있는 범위가 커지는 구조를 만드는 일이다. 그래서 이 논의는 정치권만의 의제가 아니라, 시민 사회 전체의 공론장이 되어야 한다고 생각한다. 충분히 설명하고, 충분히 토론하고, 그 위에서 결단해야 한다.

나는 이 길이 쉽다고 말하지 않는다. 그러나 지금 이 기회를 놓친다면, 다음 기회는 언제 올지 알 수 없다. 그래서 다시 말한다. 광주·전남 행정통합은 선택의 문제가 아니라, 우리가 어떤 미래를 살 것인가에 대한 결정의 문제다. 나는 그 미래를 위해 지금 행동해야 한다고 믿고, 그 책임을 피하지 않겠다는 각오로 이 논의를 이어가고 있다. 시민들과 함께, 지역의 다음 30년을 설계하는 선택을 하는 일이 벌어지고 있기 때문에 가슴이 나는 뛴다.

“반드시 해내는 사람”, 통합을 법으로 꿰맸다

— 광주·전남의 위기를 ‘5극3특’ 국가전략의 기회로 바꾸기 위해

사람들은 종종 정치인을 두 부류로 나눈다. “말을 잘하는 사람”과 “끝내 해내는 사람.”

나는 후자가 되기로 마음먹었다. 그래서 광주·전남 행정통합을 두고 말이 오갈 때, 나는 가장 먼저 법률 문장부터 썼다. 통합이 필요하다는 주장만으로는 행정도 예산도 산업도 움직이지 않는다. 법이 움직여야 현실이 움직인다.

내가 첫 발을 뗀 날은 2025년 11월 5일이다. 나는 그날 국회에 의안번호 2213937, 「광주·전남초광역특별지방자치단체 설치 등에 관한 특별법안」을 발의했다. 이 법안은 이름이 길지만, 취지는 간단하다. 광주·전남을 하나의 ‘특별지방자치단체'로 세워 국가가 협력·지원·특례를 줄 수 있게 하는 '뼈대'를 만드는 법이다. 그 뼈대는 국회 공식 의안정보(국회 입법예고 시스템)에 명확히 적혀 있다. 예컨대 이 법안은 「지방자치법」 제199조에 따라 '광주전남특별지방자치단체'를 설치하고, 국무총리 소속의 지원협의회(법안에선 "광주전남특별지방자치단체지원협의회")를 두며, 국가는 행정·재정 특별지원을 할 수 있고, 중앙부처는 시책사업에서 우선 지원할 수 있게 한다(안 제4조, 제5조, 제8조).

왜 이런 '특별지방자치단체' 방식부터 시작했느냐. 광주·전남이 지금 맞닥뜨린 위기가, 단지 시·도의 경계를 조정한다고 해결될 문제가 아니기 때문이다. 청년 유출, 산업의 수도권 편중, 재정 여력의 약화, 생활권 단절 등은 이미 이건 구조다. 구조를 바꾸려면 '협의체'가 아니라 법적 지위와 권한이 필요하다. 그래서 나는 통합 논의의 첫 단추를 '선언'이 아니라 제도(법)로 잠갔다.

그 다음 단계는 더 분명했다. 통합이 실제로 작동하려면, '뼈대'만으로는 부족하다. 운영을 가능하게 하는 특례가 필요하다. 그래서 나는 2025년 12월 24일, 다시 국회에 의안번호 2215612, 「광주전남초광역특별자치도 설치 및 지원특례에 관한 특별법안」을 대표발의했다. 이 법안은 광주광역시와 전라남도를 폐지하고 '광주전남초광역특별자치도'를 설치하며, 국가가 행정·재정 지원을 할 수 있도록 근거를 두는 내용이 골자다(안 제1조~제3조). 이 내용 역시 국회 입법예고 시스템에 요약되어 있다.

정리하면 이렇다.

2213937(2025.11.05 발의): 통합을 가능하게 하는 조직·지위·지원 협력의 뼈대를 만든다.

2215612(2025.12.24 대표발의): 통합을 실제로 굴리기 위한 특별자치도 설치·지원특례의 문을 연다.

나는 이 두 개의 법을 '같은 목표를 향한 두 개의 엔진'이라고 생각했다. 하나만으로는 부족하다. 뼈대만 있으면 움직일 힘이 약하고, 특례만 있으면 설계가 공중에 뜬다. 그래서 나는 제도 기반(2213937)과 실행 특례(2215612)를 함께 밀었다.

이 과정에서 나는 '국회 안'에서만 싸우지 않았다. 사람들에게는 "왜 지금 통합이냐"가 제일 큰 질문이기 때문이다. 그래서 2026년 1월 7~8일, 나는 페이스북에 "통합은 선택이 아니라 생존 전략"이라는 취지의 메시지를 올렸고, 이 발언은 언론 보도로도 이어졌다. 내가 그 말을 한 이유는 간단하다. 지금은 '검토'의 시간이 아니라 '결단'의 시간이라는 판단 때문이다.

그리고 여기서 나는 이 통합을 더 큰 국가전략의 맥락으로 연결해 설명해 왔다. 이재명 대통령 정부가 내세우는 국가균형성장 큰 그림 가운데 하나가 '5극3특' 전략이다. 정부 공식 보도 '5극3특 국가균형성장 전략'이 이재명 정부의 핵심 균형성장 전략으로 추진되고 있으며, 권역별 성장엔진 발굴과 연계해 진행된다고 설명한다.

나는 광주·전남 통합은 '5극3특'을 호남에서 현실로 만드는 가장 빠르고 강력한 실행 장치가 될 수 있다고 확신하고 있다.

국가가 '권역 성장'의 설계도를 들고 나왔을 때, 우리는 "우리도 해 주세요"라고 손만 들면 안 된다. 우리가 먼저 판을 깔아야 한다. 그 판이 바로 특별법이고, 나는 그 일을 이미 시작했다

정치는 늘 '합의'와 '공론화' 등의 이유로 상당한 시간을 투자하면서도 지역발전과 민생 문제에도 불구하고 실기하는 경우가 적지 않아 왔다.

하지만 위기 앞에서는 늦을수록 비용이 커진다. 그래서 나는 '반드시 해내는 사람'의 방식으로 움직였다. 논쟁을 피하지 않고, 반내와 우려도 정면으로 보고, 그럼에도 불구하고

법률로 길을 내는 사람. 광주·전남이 지금의 위기를 '절호의 기회'로 바꾸려면, 바로 이런 속도와 집요함이 필요하다.

5극3특 공약을 '현장'에서 '법'으로 완성하는 선봉장이 되겠다

정치를 하다 보면, 어떤 정책은 끝내 '구호'로만 남는다.

나는 광주·전남 통합이 그렇게 끝나는 걸 원치 않았다. 그래서 법안을 냈고, 이제 그 법안은 개인의 의지를 넘어 국회의 시간표로 들어왔다. 사람들에게는 이 대목이 중요하다. "진짜 되는 거냐"는 질문의 답은, 국회 절차가 움직이느냐에 달려 있기 때문이다.

먼저 2026년 1월 15일, 광주시와 전남도는 통합 논의를 구체화한 특별법 초안을 공개했다. 초안은 총 8편, 23장, 312개 조문으로 구성되어 있고, 사실상 312개 조문 중 약 300개가 특례에 해당하는 수준으로 방대하다.

쉽게 말하면, "통합하자"가 아니라 "통합하면 무엇을 어떻게 바꿀 것인가"를 조문으로 적어낸 것이다. 이것은 통합 논의가 감정의 찬반에서 정책 설계의 경쟁으로 넘어갔다는 신호다.

하지만 설계가 커질수록 우려도 커진다. 예컨대 1월 20일 경향신문 보도는 일부 환경단체가 "특별시장 권한 과도" 등을 문제로 삼으며 난개발·특정기업 특혜 우려를 제기했다고 전한다.

나는 이런 비판을 가볍게 보지 않는다. 오히려 이런 비판이 있어야 특별법은 더 안전하고 더 공정하게 다듬어진다. 중요한 건, 반대가 있다고 멈추는 게 아니라 우려를 제도로 잠그는 능력이다. "반드시 해내는 사람"은 여기서 갈린다. 논쟁이 생길 때 회피하지 않고, 조문과 장치로 해소한다.

이런 가운데 2026년 1월 21일, 특별법 대표발의자인 저를 포함해 더불어민주당이 광주·전남 지역 국회의원 18명 전원이 참여하는 '공동 발의' 형식의 당론 법안 추진을 공개적으로 약속했다. 특히 민주당 광주시당 위원장인 양부남 의원이 국회 조찬 모임에서 "이달 말을 넘기지 않고 (특별법을) 발의할 것"이며 "(광주·전남 지역 국회의원) 18명이 공동 발의하는 형식"이라고 말하면서 지역언론이 지역 국회의원들의 단합된 목소리를 대거 실어 보냈다.

'정준호 한 사람이 하자고 한 법'에서 '광주·전남 국회의원들이 전원 이름을 걸고 밀겠다는 법'으로 무게가 커진 것이다. 당론 추진은 단순한 '응원'이 아니다. 책임의 공유다. 그리고 책임을 공유하면, 법안은 상임위 논의에서 더 강한 추진력을 갖는다.

같은 날, 국회의원회관에서 '광주전남 통합 특별법 검토 시도지사-국회의원 2차 조찬 간담회'가 열려 법률안의 실효성과 쟁점을 점검한 것도 광주전남 행정 수장과 국회의원들의 발 빠른 책임있는 후속 행보하고 할 수 있다.

이 흐름은 중요하다. 법안이 "발의"에서 끝나지 않고, 검토 간담회-조정-보완의 단계로 들어가고 있다는 뜻이기 때문이다. 통합은 결국 디테일에서 승부가 난다. 어느 권역에 어떤 기능을 두고, 재정은 어떻게 배분하며, 주민 서비스는 어떻게 더 좋아지게 만들지. 이런 것들이 조문으로 잠겨야 한다.

나는 이 과정을 이재명 대통령의 '5극3특' 국가균형성장 공약과 분리해서 보지 않는다. '5극3특 국가균형성장 전략'이 권역별 성장엔진을 만들고, 중앙-지방을 연결하는 플랫폼 역할을 하겠다는 취지로 추진되고 있기 때문이다.

그렇다면 호남은 무엇으로 답해야 하는가. 나는 답이 분명하다고 본다.

광주·전남 통합 특별법은 '5극3특'을 호남의 제도와 예산으로 연결하는 가장 직접적인 통로가 될 수 있다.

여기서 내가 강조하고 싶은 각오는 하나다.

지금이 절호의 기회라는 점이다.

정부가 균형성장 전략을 전면에 세우고, 국회에서 18명 전원이 이름을 걸어 당론 법안 추진을 공개한 이 순간은 흔치 않다. 정책의 창은 늘 열려 있지 않다. 열려 있을 때 밀어붙이는 사람, 끝까지 완성하는 사람이 성과를 만든다.

나는 스스로를 그렇게 규정해 왔다.

"반드시 해내는 사람."

법안을 먼저 내고, 논의를 국회 절차로 끌어들이고, 이제는 당론 법안과 상임위 논의로 확장시키는 사람. 이 모든 과정은 화려한 말이 아니라 축적된 단계다. 그리고 그 단계의 목적은 단 하나다. 광주·전남의 위기를 국가전략의 기회로 바꾸고, 주민의 삶에서 '달라졌다'는 체감이 나오게 만드는 것이다.

남은 숙제가 적지 않다. 그럼에도 숙제를 태만이 해도 될 정도로 우리 지역사회의 불균형과 낙후, 고립, 소멸 등으로 점철되는 현실이 백척간두에 서 있다.

앞으로 저를 포함한 정치권, 시민사회와 광주전남시도민은 권한 집중 우려를 제도적 견제장치로 풀 수 있어야 한다. 특례를 "가능" 수준이 아니라 "작동" 수준으로 구체화할 만큼 꼼꼼하게 집중해야 한다. 이런 과정을 통해 320만 시도민의 지역발전에 대한 기대감이 좌초되지 않도록 18명 공동발의 당론 법안을 통해 상임위-본회의 통과까지 최대한의 정치력을 발휘하는 사즉생의 각오로 임해야 한다.

나는 이 길의 선봉장으로 서겠다.

이재명 대통령의 '5극3특' 공약이 "전국 전략"으로 끝나지 않고, 호남의 산업·일자리·생활 서비스로 내려오게 만들겠다. 그리고 그 출발점이 된 대표발의한 두 바퀴를 끝까지 굴려, 통합을 말이 아니라 현실로 완성하겠다.

행정통합은 선택이 아니라, 통합도시전략을 시작할 유일한 기회다

광주인식 FGI는 광주·전남 행정통합 논의가 본격화되기 전인 2025년 10월에 실시됐다. 당시 조사 목적은 행정통합을 염두에 둔 것이 아니라, 광주가 가진 도시 경쟁력의 약점과 구조적 한계를 시민과 전문가의 시각에서 진단하는 데 있었다. 그런데 지금 시점에서 그 결과를 다시 들여다보면, FGI가 던진 문제의식은 오히려 오늘의 행정통합 논의를 정당화하는 근거에 가깝다. 도시 자산이 흩어져 있고, 이를 하나의 전략으로 묶을 구조가 부재하다는 인식은, 광주 단독 행정체계로는 더 이상 도시 구조를 재편하기 어렵다는 현실 인식으로 읽힌다.

FGI에서 시민들은 광주가 문화시설과 역사적 상징을 갖고 있음에도, 그것이 도시 전체를 움직이는 힘으로 작동하고 있는지는 잘 모르겠다고 말했다. "아시아문화전당 콘텐츠가 늘어난 건 좋은데, 외부 사람들이 와서 머물고 소비하는 흐름으로까지 이어졌는지는 모르겠다"는 말은, 개별 자산은 있지만 그것이 관광·상권·교통·야간 콘텐츠와 엮여 도시 경험으로 확장되지 못하고 있다는 체감을 보여준다. 이는 도시 자산이 부족해서가 아니라, 자산을 묶는 전략이 작동하지 않고 있기 때문에 나타나는 현상이다.

전문가 그룹의 진단도 같은 방향을 가리킨다. 한 전문가는 광주 관광과 산업 기반이 과거보다 오히려 더 취약해졌다고 평가하며, 자치단체장이 바뀔 때마다 정책 방향이 달라지고, 이전에 구축한 기반이 다음 단계로 축적되지 못하는 구조를 문제로 지적했다. 이는 곧, 광주라는 단일 도시 체계 안에서는 장기 전략을 유지하고 대형 프로젝트를 지속적으로 확장해 가는 데 구조적 한계가 있다는 의미이기도 하다. 다시 말해, 광주가 가진 자산을 광역 차원의 성장 동력으로 전환하기 위해서는 행정 스케일 자체가 달라질 필요가 있다는 신호다.

이 지점에서 광주·전남 행정통합은 단순한 행정구역 개편이 아니라, 도시 전략을 근본적으로 재설계할 수 있는 유일한 기회로 등장한다. 관광, 산업, 생태, 농식품, 의료, 교육 자산이 광주와 전남에 분산돼 있음에도, 지금까지는 이를 하나의 생활권·경제권 전략으로 묶을 수 있는 행정 구조가 존재하지 않았다. 통합이 이뤄질 경우, 비로소 남해안 관광벨트와 무등산권 생태축, 전남 농식품 산업과 광주 외식·푸드 산업, 연구기관과 의료 인프라, 교통망과 정주 정책을 하나의 권역 전략으로 설계할 수 있는 제도적 조건이 만들어진다.

FGI에서 시민들이 반복해서 언급한 인구 문제 역시 통합 도시전략의 핵심 과제가 된다. 한 참가자는 문화·관광과 일자리, 정주 여건이 함께 개선되지 않으면 인구 감소는 막기 어렵다고 말하며, 지역에 머무를 이유를 만드는 종합 전략이 필요하다고 강조했다. 이 발언은 인구 정책을 복지나 주거 단일 영역에서 다룰 것이 아니라, 산업과 문화, 교통과 교육을 함께 묶는 도시 전략 차원에서 접근해야 한다는 뜻이다. 이러한 접근은 단일 시·군 단위 행정으로는 설계하기 어렵고, 광역 생활권 단위 전략이 전제될 때 비로소 가능해진다.

전문가들은 통합 도시전략의 출발점으로 교통망과 산업입지, 관광 동선을 동시에 설계해야 한다고 지적했다. 산업단지는 일자리만 제공하는 공간이 아니라 주거와 문화, 교육 인프라와 결합돼야 하고, 관광은 특정 지역 이벤트가 아니라 광역 동선과 체류형 소비 구조로 설계돼야 한다는 것이다. 통합 행정체계는 이러한 다중 영역 전략을 하나의 계획 틀 안에서 조정할 수 있는 구조를 제공한다는 점에서, 통합은 곧 전략 통합의 조건이 된다.

중요한 것은, 통합이 이뤄진다고 해서 자동으로 통합도시 전략이 완성되는 것은 아니라는 점이다. 그러나 통합 없이는 그러한 전략 자체를 공식적으로 설계하고 집행할 수 있는 행정 틀이 만들어지지 않는다. 그래서 지금의 행정통합 논의는 단순한 조직 통합의 문제가 아니라, 도시 발전 모델을 바꿀 수 있는 제도적 전환점이라는 의미를 갖는다. FGI에서 제기된 문제의식은 바로 이 지점을 향하고 있다. 광주의 약점은 시설이나 예산보다, 도시를 하나의 구조로 설계할 수 있는 전략 거버넌스가 부재하다는 데 있다는 진단이다.

광주·전남 행정통합은 이러한 구조적 한계를 넘을 수 있는 역사적 기회다. 통합을 통해 광역 단위 도시계획, 산업 클러스터 전략, 관광 벨트 구축, 교통·의료·교육 연계 정책을 하나의 시스템으로 설계할 수 있다면, 지금까지 분절돼 있던 자산은 비로소 도시 경쟁력으로 전환될 수 있다. 이는 광주만을 위한 전략이 아니라, 전남 시·군 역시 단독으로는 만들기 어려운 성장 동력을 공동으로 구축하는 길이기도 하다.

FGI가 행정통합 논의 이전에 실시됐다는 사실은 오히려 이 논의를 더 설득력 있게 만든다. 시민과 전문가들은 이미 도시 구조의 한계를 체감하고 있었고, 자산을 묶는 전략이 필요하다는 요구를 분명히 하고 있었다. 이제 행정통합이라는 제도적 조건이 갖춰지고 있는 만큼, 그 요구를 실제 도시 전략으로 구현할 수 있는 문이 열리고 있는 셈이다.

그래서 지금 필요한 것은 통합을 둘러싼 찬반 논쟁이 아니라, 통합 이후 어떤 도시를 만들 것인가에 대한 구체적 설계다. 광주·전남 행정통합은 반드시 달성돼야 하며, 그것이 곧 통합도시전략의 새판을 짤 수 있는 출발선이 되어야 한다. 통합은 목표가 아니라 수단이고, 진짜 목적은 이 지역의 자산을 하나의 성장 구조로 엮어 지속 가능한 도시권을 만드는 데 있다. FGI가 남긴 시민의 목소리는 이미 그 방향을 분명히 가리키고 있다. 이제 필요한 것은 결단과 실행이다. 통합은 이미 시작됐고, 도시 전략의 새판을 짤 시간도 바로 지금이다.

통합에 대한 우려를 넘어서야 하는 이유

— 광주·전남, 생존을 위한 '종자돈'을 잡을 마지막 기회

정부가 광주·전남 행정통합을 전제로 연간 최대 5조 원 규모의 재정지원과 공공기관 이전, 산업 활성화 패키지를 공식화한 것을 두고 지역사회에서는 기대와 함께 적지 않은 우려의 목소리도 나오고 있다. "전남이 광주에 흡수되는 것 아니냐", "농어촌이 더 소외되는 것 아니냐", "행정통합이 실세 생활을 얼마나 바꾸겠느냐"는 질문들은 결코 가볍게 넘길 수 없는 문제 제기다. 오히려 이 질문들이야말로 지금까지 광주·전남이 통합 논의를 쉽게 진전시키지 못했던 이유이기도 하다.

실제로 언론과 시민사회에서는 통합 이후 행정 중심이 광주에 쏠릴 가능성, 기존 시·군 단위 정책의 약화, 공무원 조직 재편에 따른 혼란, 지역 정체성 훼손 문제 등을 지속적으로 제기해 왔다. 전남 동부권과 서부권의 생활권 차이, 산업구조 격차 역시 통합만으로 해소되기 어려운 구조적 문제라는 지적도 이어지고 있다. 행정통합이 만병통치약이 아니라는 점에 대해 지역 주민들이 현실적으로 느끼는 불안은 충분히 존중받아야 한다.

그럼에도 불구하고 지금 이 시점에서 광주·전남 통합이 갖는 의미는 단순한 행정구역 개편이 아니라, 지역이 스스로 미래 산업과 인구 구조를 다시 설계할 수 있는 최소한의 재정과 권한을 확보하느냐의 문제라는 데 있다. 지금까지 광주·전남이 겪어온 가장 근본적인 한계는 '아이디어 부족'이 아니라 '실행할 종자돈과 권한의 부족'이었다.

청년들이 떠나는 이유도 명확하다. 안정적인 일자리가 없고, 성장 산업이 없으며, 경력을 쌓아도 지역 안에서 미래를 설계할 수 없기 때문이다. 중장년층 역시 제조업 구조조정과 자영업 침체 속에서 재취업과 전환 기회를 찾기 어려운 현실에 놓여 있다. 농어촌은 고령화 속도가 도시보다 더 빠르고, 의료·교육·문화 인프라는 갈수록 취약해지고 있다. 이 모든 문제의 공통분모는 결국 지역이 자체적으로 대규모 산업·복지·정주 프로젝트를 설계하고 장기간 끌고 갈 재정 여력과 행정 권한이 없다는 점이다.

그동안 광주·전남은 국가 공모사업, 부처 단위 시범사업, 단년도 예산 사업에 기대어 지역 문제를 해결해 왔다. 하지만 이런 방식으로는 인구 구조와 산업 구조를 동시에 바꾸는 장기 전략을 실행하기 어렵다. 이번 정부 인센티브 패키지가 갖는 가장 큰 의미는, 광주·전남이 처음으로 광역 단위에서 중장기 투자 전략을 세울 수 있는 재정 규모와 정책 자율성을 확보할 수 있는 길이 열렸다는 점이다.

연간 5조 원 규모의 재정지원은 단순한 보조금이 아니다. 이는 청년 정주형 산업단지 조성, 공공형 연구기관 유치, 지역대학과 연계한 기술인력 양성, 농어촌 의료·돌봄 인프라 확충, 동서·남해안 관광 산업의 체계적 투자까지 묶어낼 수 있는 전략 예산의 출발선에 해당한다. 여기에 서울 수준의 행정 권한과 공공기관 이전 우선권이 결합된다면, 지금까지 중앙정부 눈치를 보며 쪼개진 사업을 설계하던 구조에서 벗어나 지역 주도의 정책 실험이 가능해진다.

물론 통합이 모든 문제를 자동으로 해결해 주지는 않는다. 통합 이후 어떤 산업을 키울 것인지, 어느 지역에 어떤 기능을 분산 배치할 것인지, 농어촌과 도시를 어떻게 상생 구조로 묶을 것인지에 대한 치밀한 설계가 병행되지 않는다면 통합은 또 하나의 행정 개편에 그칠 위험도 있다. 그렇기 때문에 통합 논의와 동시에 생활권 기반 균형 발전 전략, 산업 분산형 배치, 권역별 특화 발전 모델이 함께 논의되어야 한다.

그러나 분명한 사실은, 통합 없이는 그 어떤 대안도 실행할 재정과 권한을 갖기 어렵다는 점이다. 지금까지 광주·전남이 인구 감소와 산업 침체의 구조를 알고도 근본적 전환에 나서지 못했던 이유는 의지 부족이 아니라 제도적 한계였다. 이번 인센티브 패키지는 그 한계를 넘어설 수 있는 사실상 첫 번째 국가 차원의 실질적 제안이다.

행정통합을 둘러싼 우려와 비판은 계속 제기되어야 한다. 그것이 통합 이후의 설계를 더 정교하게 만들기 때문이다. 하지만 동시에 우리는 질문해야 한다. 지금의 구조를 유지한 채, 과연 청년에게 돌아올 일자리와 미래 산업을 어떻게 만들 것인가. 중장년의 전환 기회와 농어촌의 생활 인프라를 어떤 재원으로 구축할 것인가. 지금과 같은 분절된 행정 구조 속에서 과연 가능한 일인가.

광주·전남 통합은 정체성의 문제가 아니라 생존 전략의 문제다. 지역의 미래를 위한 투자 결정권을 다시 지역으로 가져오기 위한 최소 조건이다. 이번 정부 발표는 통합 논의를 추상적 구호가 아니라 실제 정책 선택의 문제로 끌어올린 전환점이라는 점에서 의미가 크다.

이제 중요한 것은 속도보다 방향이다. 시민들의 우려를 충분히 반영한 통합 모델, 권역별 균형 발전을 전제로 한 행정 구조, 청년·산업·정주 정책이 유기적으로 연결되는 전략이 함께 제시되어야 한다. 그리고 그 논의의 중심에는 언제나 '통합 이후 우리의 삶이 무엇이 달라질 것인가'라는 질문이 놓여야 한다.

종자가 있어야 농사를 짓는다. 지금 광주·전남이 맞이한 통합 인센티브는 지역이 스스로 미래를 설계할 수 있는 최소한의 씨앗을 확보할 수 있는 기회다. 이 기회를 놓친다면, 다음 기회는 언제 올지 누구도 장담할 수 없다. 통합은 목적이 아니라 수단이지만, 지금 이 수단을 선택하지 않는다면 우리는 또다시 같은 구조 속에서 같은 위기를 반복하게 될 가능성이 높다.

지금 필요한 것은 막연한 찬반이 아니라, 통합을 전제로 한 현실적 설계 경쟁이다. 광주·전남의 다음 30년을 준비하는 논의가 이제 시작돼야 한다.

통합이 답이 되는 이유

— 재정·산업·행정 데이터가 입증한 전남·광주특별시의 실질적 효과

행정통합 논의 이후 가장 흔하게 따라다니는 말이 있다. "왜 합쳐야 하느냐", "누가 손해 보느냐", "청사는 어디로 가느냐" 같은 질문이다. 논쟁은 늘 감정에서 출발한다. 그러나 정책 판단의 기준은 감정이 아니라 효과다. 통합이 실제로 지역의 삶을 개선하는가, 재정을 튼튼하게 하는가, 산업 경쟁력을 높이는가. 이 질문에 숫자로 답하지 못하면 통합은 구호에 머물 수밖에 없다.

이런 점에서 지난 1월 28일 국립순천대학교 70주년기념관 초석홀에서 열린 '광주·전남 통합특별시 출범을 위한 전남 동부권 산업 활성화 방안 토론회'는 의미가 각별했다. 주최는 저희 의원실과 주철현 국회의원실이 공동 주관으로 마련된 자리였다. 이 행사는 기존의 행사처럼 통합을 선언하거나 정치적 입장을 확인하는 자리가 아니었다. 재정 구조, 산업 지표, 행정 체계를 데이터로 검증하며 '효과'를 따져보는 첫 공식 논의의 장이었다.

발제자와 토론자들은 한결같이 말했다. 통합은 감정의 선택이 아니라 '계산 가능한 선택'이라고.

첫 번째 발제의 핵심은 재정이었다. 안권욱 지방분권전국회의 공동대표는 광주와 전남의 재정 체력을 수치로 보여줬다. 두 지역 모두 재정자립도가 낮고 중앙 이전재원 의존도가 높다. 지방세만으로 자체 지출을 감당하는 비율이 절반에도 못 미치는 구조에서는 대규모 SOC 투자나 산업 전환 전략을 독자적으로 추진하기 어렵다. 그는 단호하게 말했다.

"재정이 약하면 전략도 약합니다. 돈이 없으면 미래를 설계할 수 없습니다."

특히 눈길을 끈 대목은 교부세 구조였다. 2025년 기준 전국 지방교부세 총액은 약 77조 1천억 원, 이 가운데 91% 이상이 비수도권에 배분된다. 전남은 10조 원대 교부세를 받는 전국 최상위권 지자체지만, 광주 같은 광역시는 1조 원 안팎에 그친다. 반대로 광주는 지방세 세원이 비교적 안정적이고, 전남은 교부세 의존도가 크다. 안 대표는 이 구조를 이렇게 설명했다.

"도는 교부세 중심, 광역시는 세원 중심입니다. 따로 보면 약점이고, 합치면 상호 보완 구조입니다."

발표 자료에는 구체적 시뮬레이션도 제시됐다. 광주·전남을 합산하면 1인당 자주재원이 전국 최고 수준으로 상승한다는 분석이다. 단순 합계가 아니라 '협상력'의 상승이다. 인구와 예산 규모가 커질수록 중앙정부와의 국비 협상, 교부세 산정, 예비타당성 면제, 대형 국책사업 유치에서 우선순위를 확보하기 쉽다.

여기에 정부 인센티브가 더해진다. 통합특별시 출범 시 4년간 연 5조 원, 총 20조 원 규모의 교부세 추가 지원 계획이 논의되고 있다. 이는 현재 광주·전남 일반회계 예산 대비 두 자릿수 증액 효과다. 도시철도, 광역교통망, 산업단지 재편, 연구개발 인프라를 동시에 추진할 수 있는 '투자 체력'이 생긴다는 의미다. 통합은 단순한 조직 통합이 아니라 재정 판을 바꾸는 구조 개편이라는 설명이다.

두 번째 발제는 산업 구조였다. 박병희 국립순천대학교 교수는 전남 동부권 산업 지도를 펼쳤다. 여수 국가산단 석유화학, 광양 제철·항만, 순천 금속가공. 제조업 비중이 80~90%에 이르는 국내 대표 기간산업 집적지다. 그러나 동시에 글로벌 공급과잉, 탄소중립 규제, 중국과의 가격 경쟁이라는 구조적 위험에 노출돼 있다.

그는 이렇게 말했다.

"전남 산업은 크지만, 동시에 가장 먼저 흔들리는 구조입니다."

해법은 '기술과 제조의 결합'이었다. 광주에는 국가 AI 데이터센터, 80PF급 이상 연산 인프라, GIST 연구역량, 100여 개 AI 기업 생태계가 있다. 반면 전남은 항만·산단·에너지·제조 기반을 갖춘 생산 도시다.

"산업은 이미 하나의 체인으로 움직이고 있습니다. 연구는 광주에서, 생산은 전남에서, 수출은 광양항에서 이뤄집니다. 행정만 둘일 뿐입니다."

이 발언은 토론장의 분위기를 단숨에 정리했다. 산업은 이미 통합돼 있는데 행정만 분절돼 있다는 현실 인식이다. 석유화학을 수소·바이오로, 철강을 이차전지·첨단소재로 전환하려면 연구개발·실증·생산이 하나의 권역 안에서 유기적으로 작동해야 한다. 그러나 행정이 분리돼 있으면 예산·계획·인허가가 따로 움직인다. 통합은 이 단절을 제거하는 '거버넌스 혁신'이다.

행정 효율성도 빼놓을 수 없다. 광역시와 도 체계에서는 유사 기능의 부서와 기관이 이원화돼 중복 행정이 발생한다. 교통, 환경, 관광, 복지, 산업 정책이 따로 움직이며 조정 비용이 커진다. 특별시 체계에서는 광역계획을 일괄 수립하고 인허가 권한을 단순화할 수 있다. 행정 속도는 곧 경제 효과다.

나는 토론회를 들으며 한 가지 분명한 판단 기준을 갖게 됐다. 통합을 설명하는 언어가 추상적 구호나 정치적 수사가 아니라, 재정 구조와 산업 지표, 행정 체계라는 '측정 가능한 근거'에 기반하고 있었다는 점이다. 발제자와 토론자 누구도 당위나 명분을 앞세우지 않았다. 대신 자료를 제시하고, 수치를 비교하고, 통합 전후의 효과를 계산했다.

안권욱 공동대표는 재정자립도와 교부세 구조를 통해 현재 체계의 한계를 짚었다. 광주는 세원은 있으나 이전재원이 부족하고, 전남은 교부세는 많으나 자체 세원이 취약하다. 분리된 상태에서는 각각의 약점이 그대로 남지만, 통합하면 세원과 이전재원이 상호 보완된다. 이는 가치 판단이 아니라 재정 구조상 자연스럽게 도출되는 결론이다.

박병희 교수 역시 같은 방식으로 산업 지도를 설명했다. 연구개발과 인공지능 인프라는 광주에, 제조·항만·에너지 기반은 전남에 집중돼 있다. 생산과 기술이 행정 경계를 넘어 이미 하나의 산업 체인으로 작동하고 있음에도, 계획과 예산은 이원화돼 있다. 행정 단위가 산업 구조를 따라가지 못하는 상태다. 이 간극을 줄이는 방법으로 통합이 제시된 것이다.

즉, 통합은 새로운 체계를 만드는 선택이 아니라, 이미 형성된 생활권과 경제권을 행정 체계에 맞추는 조정 과정에 가깝다. 재정 규모가 커지면 중앙정부 협상력이 높아지고, 산업 정책이 일원화되면 투자 속도가 빨라지며, 행정 기능이 통합되면 중복 비용이 줄어든다. 각각의 효과는 독립적으로도 타당하지만, 동시에 작동할 때 더 큰 효율을 만든다.

결국 판단 기준은 단순하다. 동일한 자원으로 더 큰 결과를 낼 수 있는가. 재정 여력이 확대되는가, 산업 전환 가능성이 높아지는가, 행정 운영 비용이 감소하는가. 2026년 1월 28일 순천에서 열린 토론회에서 제시된 지표와 분석은 이 세 질문에 모두 긍정적인 답을 내놓았다.

따라서 광주·진남 통합은 이념이나 상징의 문제가 아니라, 효율성과 실효성의 문제다. 이미 연결된 경제·생활 구조를 제도적으로 정합시키는 과정이며, 현재 조건에서 가장 합리적인 행정 설계안에 가깝다. 논의는 신댁의 호불호가 아니라, 얼마나 체계적으로 설계하느냐의 단계로 옮겨가야 한다. 데이터가 보여준 결론은 그 지점에서 충분히 명확하다.

한국지역난방공사
이전 제안이 갖는 의미는?

정부가 광역 지방정부 간 행정통합을 추진하는 지역에 대해 공공기관 이전을 우선 검토하겠다는 방침을 공식화하면서, 공공기관 이전 논의가 다시 본격화되고 있다. 김민석 국무총리는 행정통합 인센티브 패키지를 통해 재정지원, 권한 강화, 산업 활성화와 함께 2차 공공기관 이전에서 통합특별시를 우선 고려하겠다는 원칙을 밝혔다. 구체적인 이전 대상 기관은 향후 논의를 통해 결정될 예정이지만, 행정통합과 공공기관 이전이 분리된 정책이 아니라 하나의 전략 패키지로 설계되고 있다는 점은 분명해졌다.

이런 흐름 속에서 나는 한국지역난방공사를 광주·전남 통합특별시로 이전하는 방안을 공식 제안했다. 이 제안은 단순히 대형 공기업을 유치해 지역 경제 효과를 기대하자는 접근이 아니다. 오히려 오랫동안 지역사회가 겪어온 에너지 갈등 문제와 국가 에너지 전환 정책을 동시에 해결할 수 있는 구조적 해법을 모색하자는 취지에 가깝다.

광주 남구 양과동 일대 SRF(고형폐기물연료) 발전시설을 둘러싼 갈등은 이미 수년째 이어져 왔다. 운영 중단과 재개가 반복되었고, 환경 안전 문제와 주민 수용성, 행정 책임 주체를 둘러싼 논란은 지금도 현재진행형이다. 이 문제는 기술적 설비 개선이나 단기 행정 조치만으로 해결되기 어렵다. 근본적으로는 폐기물 처리, 열에너지 공급, 환경 기준, 주민 건강 문제를 통합적으로 관리할 수 있는 책임 주체가 부재한 구조에서 비롯된 갈등이다.

한국지역난방공사는 전국 단위의 열에너지 공급 체계를 총괄하고 있으며, 폐기물 에너지 활용, 열병합 발전, 친환경 열공급 전환 정책을 동시에 수행하는 에너지 전문 공공기관이다. 단일 시설 운영 주체가 아니라, 지역 에너지 시스템 전체를 설계하고 관리할 수 있는 정책 역량을 갖춘 기관이다. 만약 이 기관이 통합특별시로 이전해 광역 에너지 관리의 중심 역할을 맡게 된다면, SRF 문제 역시 개별 시설 갈등이 아니라 국가 에너지 전환 전략의 한 축으로 재구성될 수 있다.

이전 효과는 여기서 그치지 않는다. 광주·전남 통합특별시는 산업단지, 주거지, 농어촌 지역이 혼재된 광역 생활권을 형성하게 된다. 이는 곧 열에너지 수요와 공급을 통합적으로 설계할 수 있는 실증 무대가 마련된다는 의미다. 광역 단위 열공급망 구축, 산업단지 친환경 열전환, 공공시설 에너지 효율화 정책을 하나의 체계로 묶어 실험하고 발전시킬 수 있는 공간이 되는 것이다. 이는 단순한 지역 이익이 아니라, 향후 다른 광역권으로 확산 가능한 국가 정책 모델을 만드는 과정이기도 하다.

공공기관 이전의 본래 목적을 다시 생각해 볼 필요가 있다. 공공기관 이전은 지역 균형을 맞추기 위한 '분산 배치'가 목적이 아니라, 국가 정책을 보다 효과적으로 수행하기 위한 기능 재배치가 핵심이다. 에너지 전환, 탄소중립, 순환경제는 이제 선언이 아니라 실행의 문제다. 그 실행 거점을 어디에 둘 것인지는 국가 정책 성과와 직결된다. 그런 점에서 에너지 갈등을 겪고 있고, 산업·도시·농촌이 동시에 존재하는 광주·전남 통합권역은 에너지 전환 정책을 통합적으로 실험할 수 있는 매우 현실적인 조건을 갖춘 지역이다.

또 하나 중요한 점은, 공공기관 이전이 행정통합의 효과를 시민이 가장 먼저 체감할 수 있는 분야라는 사실이다. 행정

통합 논의는 종종 제도 개편과 조직 통합이라는 추상적 이야기로 흐르기 쉽다. 그러나 에너지 공급 안정성, 난방비 구조 개선, 환경 안전 관리, 관련 산업 일자리 창출로 이어지는 변화는 시민의 일상과 직접 연결된다. 통합이 삶의 문제를 해결하는 도구라는 인식이 형성될 때, 행정통합에 대한 사회적 동의 역시 넓어질 수 있다.

물론 공공기관 이전은 신중해야 한다. 특정 지역에 대한 특혜로 비치지 않도록 정책적 타당성과 국가 전략과의 연계성이 분명해야 한다. 그렇기 때문에 나는 한국지역난방공사 이전을 단순한 지역 유치 요구가 아니라, 국가 에너지 정책의 공간 배치 전략으로 접근해야 한다고 강조하고 있다. 어느 지역이 어떤 국가 기능을 담당할 것인지에 대한 역할 분담 속에서 공공기관 이전이 논의되어야 한다는 뜻이다.

현재 정부는 행정통합을 통해 광역 단위 정책 실험이 가능한 새로운 지방정부 모델을 만들겠다는 구상을 제시하고 있다. 그렇다면 그 통합정부가 수행할 핵심 국가 정책 기능이 무엇인지도 함께 설계되어야 한다. 에너지 전환, 환경 갈등 관리, 산업 구조 전환이라는 세 가지 과제가 동시에 놓여 있는 광주·전남 통합권역에서 에너지 전문 공기업이 중심 역할을 맡는 구조는 정책적으로 충분한 설득력을 갖는다.

공공기관 이전은 경쟁이 아니라 설계의 문제다. 어느 지역이 더 빠르게 손을 들었느냐가 아니라, 어느 지역이 국가 정책 수행에 가장 적합한 조건을 갖추고 있느냐가 기준이 되어야 한다. 한국지역난방공사 이전 제안은 바로 그 기준에서 출발한 정책 제안이다.

광주·전남 통합은 행정구역을 합치는 일이 아니라, 국가 전략을 실행할 새로운 플랫폼을 만드는 과정이다. 공공기관 이전은 그 플랫폼 위에 어떤 국가 기능을 올릴 것인가에 대한 선택이다. 이 선택이 지역의 숙원 갈등을 해소하고, 국가 에너지 전환 정책의 실질적 성과로 이어질 수 있다면, 그것은 특정 지역의 성과가 아니라 대한민국 전체의 정책 역량을 한 단계 끌어올리는 결정이 될 것이다.

행정통합 논의와 함께 공공기관 이전 논의를 병행해야 하는 이유가 여기에 있다. 통합의 목적은 조직 개편이 아니라 문제 해결이며, 공공기관 이전은 그 문제 해결을 가능하게 하는 핵심 수단이기 때문이다.

전남광주특별시,
논쟁을 넘어 설계의 단계로

전남·광주 행정통합 논의가 이제 추상적인 구호의 단계를 지나, 구체적인 제도 설계의 문턱에 들어섰다. 2026년 1월 25일, 광주시와 전남도, 양 시도 교육감, 그리고 지역 국회의원들이 한자리에 모여 통합 광역단체의 명칭을 '광주전남특별시'로 하고, 주청사를 전남도청이 위치한 무안으로 두는 방안에 잠정 합의했다. 행정통합이 더 이상 가능성의 영역이 아니라 실행의 시간표 위에 올라섰음을 보여주는 녹색 신호등이 켜졌다라고 생각한다.

통합 명칭을 둘러싼 논의는 단순한 호칭의 문제가 아니다. 이름에는 정체성과 방향, 그리고 시민들이 받아들일 미래상이 담긴다. '전남광주특별시'라는 명칭은 어느 한쪽의 흡수나 종속이 아니라, 두 지역이 동등한 주체로 새로운 행정공동체를 만든다는 상징성을 담고 있다. 이는 행정통합이 지역 간 경쟁이 아니라 협력과 재설계의 과정이라는 점을 분명히 하는 의미 있는 선택이다.

청사 운영 방식 또한 중요한 메시지를 담고 있다. 광주, 무안, 순천의 3개 청사를 균형 있게 활용하되 주된 행정 중심을 무안에 두기로 한 합의는, 통합 이후에도 지역 간 균형과 기능 분산을 유지하겠다는 약속이다. 이는 단순히 행정 편의의 문제가 아니라, 통합 이후에도 동부권·서부권·도심권이 함께 발전하는 구조를 제도적으로 설계하겠다는 방향 설정이다. 행정통합이 특정 지역으로의 집중이 아니라, 광역 차원의 분산 성장 모델로 가야 한다는 점을 분명히 했다는 데 의미가 있다.

특히 이번 합의에서 눈여겨볼 대목은 공무원과 교육 현장의 안정성에 대해 매우 구체적인 원칙을 세웠다는 점이다. 통합 이후에도 교원과 교육공무원의 신분을 특별법으로 보장하고, 학군 역시 현행을 유지한다는 합의는 행정통합이 현장의 불안을 키우는 방식으로 진행되어서는 안 된다는 공감대가 형성되었음을 알 수 있다. 또한 일반 공무원 인사 역시 종전 근무지 원칙을 유지하고 불이익이 없도록 '보장'이라는 표현을 특별법에 명시하기로 한 것은, 통합이 조직 개편이 아니라 행정 역량 확장의 과정이어야 한다는 인식이 반영된 결과라고 본다.

나는 이 특별법을 대표 발의한 사람으로서, 지금부터가 더 중요하다고 생각한다. 이제 통합은 찬반의 문제가 아니라, 어떻게 설계하고 어떻게 안착시키느냐의 문제로 넘어가고 있다. 명칭과 청사 위치, 선거 방식은 출발선에 불과하다. 진짜 핵심은 통합 이후 전남광주특별시가 어떤 권한을 갖고, 어떤 재정 구조를 가지며, 어떤 국가 전략의 주체로 기능할 것인가에 있다.

특별법에는 단순한 조직 통합을 넘어, 산업 정책, 연구개발, 교통망 구축, 공공기관 이전, 교육·의료 인프라 확충에 대한 초광역 권한이 실질적으로 담겨야 한다. 그래야만 시민들이 체감하는 변화가 생기고, 통합이 삶의 질 개선으로 이어질 수 있다. 행정통합이 성공하려면 주민들은 '행정구역이 바뀌었다'가 아니라 '생활의 선택지가 넓어졌다'고 느껴야 한다.

또 하나 중요한 과제는 공론화와 설득의 과정이다. 통합은 법률로만 완성되지 않는다. 시민의 동의와 이해, 그리고 참여가 함께할 때 비로소 지역의 미래 전략이 된다. 앞으로의 과정에서 나는 지역 곳곳을 다니며 통합이 무엇을 바꾸고, 무엇을 지키며, 무엇을 새롭게 만들 것인지에 대해 구체적으로 설명하고, 시민의 우려와 질문을 제도 설계에 반영하는 역할을 책임 있게 해나갈 생각이다.

광주와 전남은 이미 생활과 경제, 문화와 노동시장에서 하나의 권역으로 움직이고 있다. 행정이 그 현실을 따라가지 못하고 있을 뿐이다. 이제 행정이 현실을 따라잡아야 한다. 전남광주특별시는 단지 큰 조직이 아니라, 지역 스스로 미래를 설계할 수 있는 새로운 권한의 틀이다. 나는 이 특별법이 그 출발점이 되도록, 그리고 통합이 지역 소멸을 막는 방어선이 아니라 새로운 성장의 플랫폼이 되도록 끝까지 책임지고 역할을 다할 것이다.

통합은 누구의 승리도, 누구의 양보도 아니다. 그것은 우리가 함께 살아갈 다음 세대의 조건을 다시 설계하는 일이다. 시도민들이 보시기에 지금 하루하루 쏟아지는 뉴스는 그 긴 여정의 시작을 알리는 신호탄에 불과하다. 중요한 것은 합의 이후의 실행이며, 나는 그 실행의 최전선에서 이 과정을 끝까지 책임질 각오로 뛸 것이고, 전남광주특별시의 새로운 역사의 기관차가 대한민국의 미래를 끌고 달리고 있다고 확신한다.